物流仓储
管理实务
——

WULIU CANGCHU GUANLI SHIWU

主 编／黄艳丽 陈 烨／

重庆大学出版社

内容提要

本书基于仓储作业管理的工作领域和业务流程,紧密结合物流仓储企业作业管理实际需要和物流管理"1+X"职业等级证书仓储模块内容要求,系统地介绍了仓储作业管理的基本知识和工作领域。

本书以仓储企业作业管理的工作领域和业务流程为框架,学习者从认识仓储、走近仓库开始,学会仓储作业的入库、在库、出库作业流程,并能核算成本和考核效益。本书共3个模块,11个项目,43个任务。本书内容选材适当,编写思路清晰,使用性和操作性很强。

本书可作为高职高专现代物流管理及相关专业教材,也可作为仓储企业作业人员的培训教材和参考用书,还可以作为物流管理"1+X"职业等级证书仓储模块培训资料。

图书在版编目(CIP)数据

物流仓储管理实务 / 黄艳丽,陈烨主编. -- 重庆 :
重庆大学出版社,2022.9
ISBN 978-7-5689-3542-5

Ⅰ.①物… Ⅱ.①黄…②陈… Ⅲ.①物流—仓库管
理—高等职业教育—教材 Ⅳ.①F253

中国版本图书馆 CIP 数据核字(2022)第 165234 号

物流仓储管理实务

主　编　黄艳丽　陈　烨
参　编　程　霞　曹　彤　刘佩佩
策划编辑:龙沛瑶

责任编辑:姜　凤　　版式设计:尚东亮
责任校对:王　倩　　责任印制:张　策

*

重庆大学出版社出版发行
出版人:饶帮华
社址:重庆市沙坪坝区大学城西路 21 号
邮编:401331
电话:(023)88617190　88617185(中小学)
传真:(023)88617186　88617166
网址:http://www.cqup.com.cn
邮箱:fxk@cqup.com.cn(营销中心)
全国新华书店经销
重庆俊蒲印务有限公司印刷

*

开本:787mm×1092mm　1/16　印张:13　字数:271 千
2022 年 9 月第 1 版　　2022 年 9 月第 1 次印刷
印数:1—2 000
ISBN 978-7-5689-3542-5　定价:40.00 元

前　言

21 世纪以来，现代物流作为一种先进的组织方式和管理技术，作为企业的"第三利润源"受到广泛关注，并面临着前所未有的发展机遇。为了进一步加大我国物流业总体规模和提高服务水平。2009 年，国务院印发了物流业综合性应对措施行动方案《物流业调整与振兴规划》，国务院印发的《国家职业教育改革实施方案》（国发〔2019〕4 号）中提出，倡导使用新型活页式、工作手册式教材。本书依据《物流业调整与振兴规划》《国家职业教育改革实施方案》的要求，以培养现代物流技能型人才的综合职业能力为目标，结合物流仓储企业管理现状，按照仓储企业或企业物流管理的岗位内容和技能要求，梳理和编写了仓储作业管理的工作领域和业务流程。

本书在内容设计上，针对现代物流专业培养技能型人才的目标，充分体现了"基本理论、基本知识必需、够用为度""重点突出基本技能培养，重视实践教育环节"原则，项目任务内容根据仓储企业的实际工作过程、教学的特点，有效地实现了课堂教学内容与专业技能培养、岗位需求和物流管理"1+X"等级证书的有机结合。

本书的编写者都是现代物流专业教学一线的老师，有丰富的专业知识和教学实践经验。在编写过程中，本书强调实用性和可操作性，力求内容与岗位业务流程相统一，真正实现在工作中提高技能和在提高技能中学习理论知识。

本书由甘肃林业职业技术学院黄艳丽、陈烨两位老师担任主编，负责拟定大纲、统稿和定稿；参与编写的人员有程霞、曹彤、刘佩佩。具体编写分工如下：黄艳丽完成了模块二项目一任务二，项目二任务三至任务六，项目三任务九，模块三项目一任务一至任务三，项目二任务一至任务三，项目四任务一和任务二；陈烨完成了模块二项目一任务一、任务三至任务七，项目二任务一和任务二，项目三任务一至任务四；程霞完成了模块二项目三任务五至任务九；曹彤完成了模块一项目一任务一和任务二，项目二任务一至任务三；刘佩佩完成了模块二项目二任务七，项目四任务一至任务四，模块三项目三任务一和任务二。

在编写过程中，编者参阅了大量同行专家的有关书籍、文献等，在此一并表示感谢！由于编者水平有限，书中难免存在不妥之处，敬请读者批评指正。

编　者

2021 年 10 月

目　录

模块一　仓储作业管理基础

模块二　仓储作业流程

模块三 仓储经营管理

模块一
仓储作业管理基础

项目一　仓储基础知识

任务一　走近仓储

◎学习目标

1.掌握仓储和仓储管理的含义。

2.理解仓储的功能和作用。

3.理解仓储管理的内容。

4.树立正确的职业道德规范、养成良好的职业行为习惯。

◎任务导入

某光电科技有限公司的仓储管理

某光电科技有限公司的仓储管理位于广东惠州金源工业区,它成立于1998年,是一家专业照明器与电器装置产品制造商,是行业的龙头企业。凭借优异的产品质量、卓越的服务精神,获得了客户的广泛认可与赞誉。为了适应新形势下的发展需要,公司整合现有客户关系网络,在全国各地成立了35个营运中心,完善了公司供应链系统、物流仓库与配送系统以及客户服务系统。

该公司总部成品库共3个,分别是成品一组仓库、成品二组仓库和成品三组仓库。它们是按产品类型区分的。成品一组仓库位于1楼,其目的是方便进出,所以它存放的产品种类较多,如筒灯、灯盘等,并且所有外销品存放在成品一组仓库。成品二组仓库存储的主要是路轨灯、金卤灯、T4灯、T5灯、光影。成品三组仓库主要存放特定的格栅灯、吸顶灯、导航灯以及其他公司的产品。

◎任务要求

认识仓储,理解仓储管理的重要性。

◎ 任务实施

一、认识仓储

(一)仓储的含义

仓储是物流的两个基本活动之一,"仓"也称为仓库(Warehouse),为存放、保管、储存物品的建筑物和场地的总称,具有存放和保护物品功能;"储"也称为储存(Storing),表示将储存对象收存以备使用,具有收存、保护、管理、贮藏货物、交付使用作用。"仓储"则为利用仓库存放、储存和管理未即时使用的货物的行为。仓储有静态和动态两种,当产品不能被及时消耗掉、需专门场所存放时,仓储为静态仓储;当货物存入仓库并保管、控制以及提供使用等管理活动时,仓储为动态仓储。

《物流术语》(GB/T 18354—2021)中,仓储指保住、管理、贮藏物品。

(二)仓储的性质

仓储活动具有生产性和非生产性。

1.仓储活动的生产性

①仓储活动是社会再生产中不可缺少的环节。产品从生产领域进入流通领域,一般都需仓储,调节供需在时间上的差异,所以仓储是社会再生产过程的中间环节。

②仓储活动具有三要素。仓储活动和其他生产活动一样需要生产要素,即劳动者(仓储作业人员)、劳动资料(各种仓库设施设备)、劳动对象(储存保管的物品)。

③仓储活动的某些环节,实际上已经构成了生产过程的组成部分。

2.仓储活动的非生产性

①仓储活动所消耗的物化劳动和活劳动,不改变劳动对象的功能、性质和使用价值,只保持和延续其使用价值。

②仓储活动本身并不生产产品,这导致了价值增加。

③仓储活动的产品的生产过程和消费过程是同时进行的。

(三)仓储的功能

仓储的功能可以分为基本功能和增值功能。仓储的基本功能是传统企业直接经济利益的来源。随着市场竞争不断加剧,企业为了建立竞争优势,不仅要提高原有服务功能,还要大力扩展业务,创造新的增值服务。

1.仓储的基本功能

①储存保管功能。该功能是仓储最基本的功能之一,也是仓储产生的根本原因。仓储保管将物品收存并妥善保管,确保物品的价值不受损害。仓储活动还要保证仓储物品的品质和数量。

②组合、分类和转运功能。商品的组合功能是仓储活动的一个经济功能。仓库可以接

收来自多个供应商的产品或原材料将其整合成单一的一票装运,达到降低运输成本的目的,可以为客户减少多个供应商供货所带来的接货成本,并作为连锁企业的配送中心、物流中心、城市周边的配载中心、集货中心等。同时,仓库可以对来自不同供应商的货物分类,可以在不同运输工具间调配。例如,铁路运输中,大批商品可以在仓库中分类、加工、整理,按不同用途和渠道用卡车运送到不同地点。仓库和供应商从仓储活动中的分类、转运功能中得到了各自的经济利益。

2.增值功能

仓储环节可以为供应商和销售者提供有价值的增值服务项目,包括贴标签、再包装、分割、组装、组配、流通加工等。

(四)仓储的作用

仓储在国民经济管理、物流、企业经营等领域都起着重要作用,见表1-1。

表1-1 仓储的作用

领域	作用
国民经济管理	①仓储是社会再生产的必要条件; ②仓储是国家急需、特需的保障; ③仓储是调节供给与需求差异、稳定市场物价的重要手段
物流	①仓储能创造时间效用,是物流的重要功能环节; ②仓储是保持物品原有使用价值的重要手段; ③仓储是加快商品流通、节约流通费用的重要手段; ④仓储为生产提供方便、为商品进入市场做准备; ⑤仓储为逆向物流提供场所
企业经营	①仓储管理是企业ISO 9000国际质量认证的主要内容之一; ②仓储是企业提高服务质量、增加收益的重要途径; ③仓储与其他部门协作是影响企业经营管理水平的重要因素

二、仓储管理

(一)仓储管理的含义

仓储管理就是对仓库及仓库内物资管理,是仓储机构为了充分利用所具有的仓储资源(仓库、机械、人、资金、技术等)、提供高效的仓储服务的计划、组织、控制和协调过程。具体来说,仓储管理包括仓储资源获得、仓储商务管理、仓储流程管理、仓储作业管理、保管管理、安全管理等多种管理工作及相关操作。

《物流术语》(GB/T 18354—2021)中,仓储管理指计划、控制库存物品和仓库设施及其布局等的活动。

（二）仓储管理的内容和基本任务

1.仓储管理的内容

仓储管理是生产经营活动的重要组成部分,是保证在库物品使用价值的重要手段,主要包括以下内容。

（1）仓库选址与建设

仓库选址与建设是仓储管理战略层面的问题,涉及企业长期战略与市场环境相关联的问题。企业可以从宏观和微观角度选址。从宏观角度,考虑在哪个地区设置仓库,以便改善物流供应和企业的市场供应;从微观角度,考虑在某个地区哪个地方设置仓库。

（2）仓库机械作业选择与配置

根据仓库作用特点和所储存物品的种类、物理性能、化学特性、生理生化特性,选择机械设备的种类及应配备的数量。恰当地选择适用于不同作业类型的仓库设施和设备,将有利于降低仓库作业中人工作业量,有利于提高物品流通的通畅性和有效保障流通过程中物品的安全。

（3）仓库业务流程管理

仓库业务流程管理即仓库的出入库、在库保管作业等各项业务活动。

（4）仓库库存管理

根据企业生产要求状况,储存合理数量的物资,既不会造成生产中断,又不会由于储存量过多而占用过多流动资金,所以要确定比较合理的库存水平进而使仓储总成本最小。

（5）人力资源管理

人力资源管理包括仓储人员的招聘与培训,建立、健全岗位职责,配备与优化岗位人员。

2.仓储管理的基本任务（表1-2）

表1-2   仓储管理的基本任务

领域	任务内容
宏观领域	合理配置和储存资源,为我国国民经济发展建设科学合理的仓储网络系统
微观领域	①合理规划仓储设施网络,提高网络效率; ②合理、准确、迅速、及时地完成仓储作业,保证仓库高效运作,使顾客获得最大满意度; ③合理选择并有效利用各种设施设备,实现系统作业标准化、高效化,提高仓储作业效率; ④采取科学的保管保养方法,创造适宜的保管环境,提供良好的保管条件,确保在库物品的数量和质量; ⑤积极采取有效措施,既要保证操作过程中人员的安全,又要防盗、防火; ⑥建立高效的组织管理机构,经营管理,开源节流,提高经济效益

任务二 走进仓库

◎学习目标

1. 熟悉仓库的种类。

2. 掌握仓库的总体构成。

3. 能够根据仓库类型布局。

4. 能够掌握仓库的结构。

5. 树立成本意识和安全意识。

6. 培养学生精益求精、效率最大化的意识。

◎任务导入

某仓储企业新建一座仓库,准备用来存储的主要货物有农产品、机电产品、金属材料、建筑材料和日用百货等。存储的货物比较多,并且各种货物需要的保管条件不同,因此,必须分开存放。需提高仓库的利用率,同时,利于仓库货物的保管养护、仓库作业。

◎任务要求

仓库规划者该如何合理规划才利于货物保管养护。

◎任务实施

一、仓库的含义

仓库是指保管、储存物品的建筑物和场所总称。

二、仓库的种类

(一)按保管目的分

①配送中心(流通中心)型仓库:具有发货、配送和流通加工功能。

②存储中心型仓库:以储存为主的仓库。

③物流中心型仓库:具有储存、发货、配送、流通加工等功能的仓库。

(二)按建筑形态分

1.平房型仓库

平房型仓库的结构比较简单,建筑费用低,人工操作比较方便。

2.多层楼房型仓库

二层楼房仓库和多层楼房仓库可以统称为楼房型仓库,可以减少土地的占用面积,其物品上下移动作业复杂,库作业可机械化或半机械化,楼房隔层间可垂直运输机械联系,也可以坡道相连。

3.地下仓库

地下仓库指修建在地下的贮品建筑物。

4.立体仓库

立体仓库也称为自动化立体仓库,是物流仓储中出现的新概念,利用立体仓库设备可实现仓库高层合理化、存取自动化、操作简便化。自动化立体仓库,是当前技术水平较高的仓库。自动化立体仓库的主体由货架、巷道式堆垛起重机、入(出)库工作台和自动运进(出)以及操作控制系统组成。

(三)按使用目的分

一般由其使用目的来决定。按经营者的性质可划分如下:

1.营业用仓库

根据"仓库业者仓库业法"经营的仓库。营业用仓库指一些企业专门为了经营储运业务而修建的仓库。营业仓库是一种社会化仓库,面向社会,以经营为手段,以营利为目的。与自用仓库相比,营业仓库的使用效率高。

2.自用仓库

自用仓库指生产或流通企业为本企业经营需要而修建的附属仓库,完全用于储存本公司的物品(如原材料、燃料、半成品、产成品等)。仓库建设、保管物品管理以及出入库等业务均由本公司管理负责。所保管物品的种类、数量相对确定,仓库结构和装卸设备与之配套。

3.公用仓库

公用仓库属于公共服务的配套设施,为社会物流服务的公共仓库,由国家或公共团体为了公共利益而建设。

三、仓库的总体构成

(一)生产作业区

生产作业区是仓库的主体部分,主要包括储货区、铁路专用线、道路、装卸站台等。储货区是储存保管商品的场所,具体分为库房、货棚、货场。

(二)辅助生产区

辅助生产区具体包括车库、变电室、油库、维修车间等。

(三)行政生活区

行政生活区是仓库行政管理机构和生活区域,主要包括办公楼、宿舍、食堂、学校、幼儿园等。

四、仓库的结构设计

仓库的结构对实现仓库的功能起着很重要的作用。因此,仓库的结构设计应考虑以下几个方面。

①平房建筑和多层建筑;

②仓库出入口和通道;

③立柱间隔;

④天花板的高度;

⑤地面。

五、存储场所的布局形式

(一)横列式布局

横列式布局指货架(货垛)的长度方向与仓库的主通道相互垂直。通道有运输通道和作业通道之分。可以这么看,横列式货架的货垛(货架)长度方向与库房的长度方向互相垂直。一般来说,横列式货架的运输通道(主通道)长,而作业通道较短。作业通道短,货架排列简单易寻,库存物资收发和查验比较方便,有利于实现机械化作业,通风采光比较好(因为货架较短),其缺点是运输通道占用的面积较大,仓库面积利用率稍低,如图1-1所示。

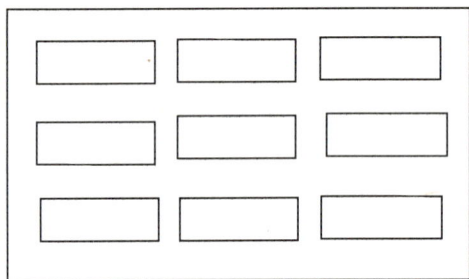

图1-1　横列式布局

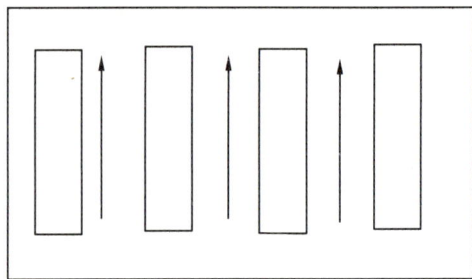

图1-2　纵列式布局

(二)纵列式布局

纵列式布局指货垛(货架)的长度方向与主通道相互平行,货垛(货架)的长度方向与库房的长度方向也相互平行。一般来说,纵列式作业通道长,主通道短,因此,纵列式的优缺点正好与横列式相反,优点是运输通道短,仓库面积利用率较高,但作业通道长,不方便存取物资,货架长,因此,通风采光不佳,如图1-2所示。

(三)纵横式布局

纵横式布局是克服横列式和纵列式的缺点,结合两者的优点,根据不同货区的不同要求和特点,设计不同的横列式和纵列式。比如,对快流商品的地面堆叠或横梁式货架,我们使用横列式布局;对慢流商品,使用轻型货架宜纵列式布局。当然,横列式和纵列式布置还要充分考虑仓库的客观条件限制,如图1-3所示。

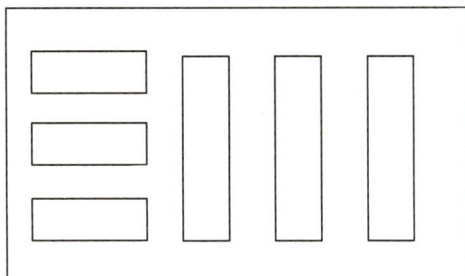

图 1-3 纵横式布局

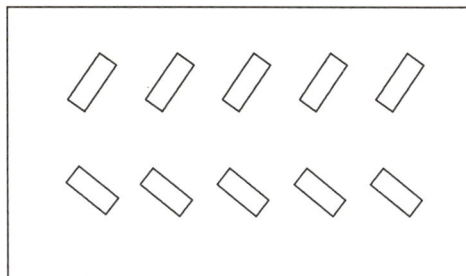

图 1-4 倾斜式布局

(四)倾斜式布局

倾斜式布局指货垛(货架)与主通道成 60°、45° 或 30° 夹角,可分为货垛倾斜和通道倾斜两种。货垛倾斜是横列式布局的变形,可以缩小叉车的回转角度,从而提高机械化作业的效率。同时,它兼具横列式货架的优点。但其最大缺点就是,倾斜的货架会产生很多死角,死角既不能用作通道又不能用作货位。随着倾斜的角度越来越小,虽然通道的宽度可以逐渐减少,但是库内平面利用率仍然逐渐下降。角度越小产生的死角区域越多,如图1-4所示。

仓库平面布局设计示例,如图 1-5 所示。

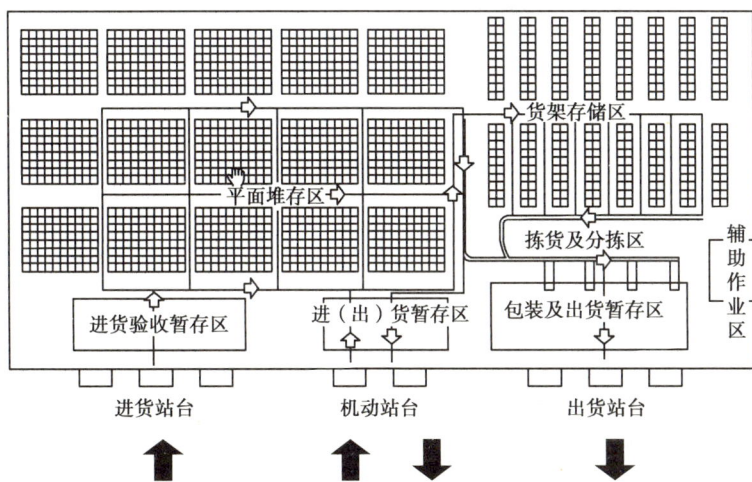

图 1-5 仓库平面布局

基础练习

一、判断题

1.仓储分动态仓储和静态仓储两种。　　　　　　　　　　　　　　（　　）

2.仓库就是仓储,是包含储备在内的一种广泛的经济现象,是一切社会形态都存在的现象。　　　　　　　　　　　　　　　　　　　　　　　　　　（　　）

3.仓储管理可以降低运输成本和运输效率。　　　　　　　　　　　（　　）

4.仓储活动具有服务性,不具备生产性。　　　　　　　　　　　　（　　）

5.中国仓储业的主要不足之一就是仓库数量大但管理水平较低。　　（　　）

二、选择题

1.生产或流通企业为本企业经营需要而修建、完全用于储存本公司的物品的附属仓库是(　　　)。

　　A.营业用仓库　　　B.自用仓库　　　C.公共仓库　　　D.合同仓库

2.仓储管理的内容包括(　　　)。

　　A.仓库选址　　　B.仓库机械选择　　　C.库存管理　　　D.仓库信息技术

实训练习

实训目标:掌握仓库的布局规划。

实训内容:某公司决定投资、建立一个仓库,该仓库主要为全市的药店提供仓储配送服务,仓库占地东西长 50 m、南北宽 40 m,预计建筑面积 3 800 m²。配送车辆统一采用 5 t 厢式货车,日装卸处理量最高达 40 车左右,平均达 32 车左右。每车装满,充分利用车辆的载重量和容积,药品储存以纸箱为主,托盘为辅。

实训要求:根据实训内容,完成该仓库内部布局。

项目二 仓储管理

任务一 仓储合理化

◎学习目标

1.了解仓储合理化的定义。

2.熟悉仓储合理化的标志。

3.掌握仓储合理化的措施。

4.能够根据仓储合理化的基本途径实现仓储合理化。

5.能够对仓储管理产生责任感,忠于职守,具有丰富的商品作业知识。

◎任务导入

某家居建材仓储存在的现状

1.仓库规模不满足市场需求。许多商户未租到仓库,上货、补货、出货等环节不便,在一定程度上无法持续发展。

2.现有仓库只具有仓储功能,无法统一管理。仓库只为商户提供了储藏货品的地方,在物品管理上只是简单地进行保洁、安全管理,其他相应的整体规划管理、整体调度权限、协调管理等都没有专业操作。如几家同时取货,有限空间被汽车、货物占满,现场混乱,影响出货时间。

3.交通动线不合理造成采购不便。随着市场的发展,停车位严重稀缺,仓库没配备统一的装卸货区域,货物经常堆放在广场上;仓库没配备专门的装卸工具,人工装卸很容易发生工伤事故。

4.无固定协议的物流机构,造成时间和资金成本的增加。

◎任务要求

作为家居建材仓储企业的负责人,应如何做到仓储管理的合理化。

◎任务实施

一、仓储合理化

用最经济的办法实现仓储的功能。仓储的功能是满足需要,实现被储物的"时间价值",这就必须有一定的储量。

商品必须储备一定量才能在一定时期内满足需要,这是仓储合理化的前提或本质。如果不能保证储存功能,那问题便无从谈起了。但是,储存的不合理往往表现在过分强调储存功能,因而是过分投入储存力量和其他储存劳动所造成的。所以,合理储存的实质是,在保证储存功能的前提下尽量少投入,这是一个投入产出关系问题。

二、仓储合理化的标志

1.质量标志

保证仓储物的质量,是完成仓储功能的根本要求。只有这样,商品物流之后使用价值才能得以最终实现。在仓储中,增加了多少时间价值或得到了多少利润,都是以保证质量为前提的。所以,仓储合理化的主要标志中,为首的应是反映使用价值的质量。现代物流系统已经拥有很有效的维护货物质量、保证货物价值的技术手段和管理手段,正在探索物流系统的全面质量管理问题,即控制物流过程、工作质量来保证仓储物的质量。

2.数量标志

在保证功能的前提下,有一个合理的数量范围。

3.时间标志

在保证功能实现的前提下,寻求一个合理的仓储时间,这是和数量有关的问题,仓储量越大,消耗速率越低。

4.结构标志

从被储物不同品种、不同规格、不同花色仓储数量的比例关系判断仓储合理性,尤其相关性很强的各种货物之间比例关系更能反映仓储合理与否。

5.分布标志

分布标志指不同地区仓储的数量比例关系,以此判断当地需求以及需求的保障程度,也可以判断对整个物流的影响。

6.费用标志

费用标志考虑仓租费、维护费、保管费、损失费、资金占用利息支出等,从实际费用上判断仓储合理与否。

三、仓储合理化的要求

一般来说,仓储合理化的实施要点可以归纳如下:分析仓储物的 ABC;在 ABC 分析基础上,实施重点管理;在形成一定社会总规模的前提下,追求经济规模,适当集中库存,所谓适当集中库存是利用仓储规模优势、适度集中仓储代替分散的小规模仓储,实现合理化。

(一)适度集中库存是"零库存"这种合理化形式的前提

①加速物资总周转,提高单位产出。具体做法诸如采用单元集装存储、建立快速分拣系统都利于实现快进快出、大进大出。

②采用"先进先出"方式,保证每个被储物的仓储期不致过长。"先进先出"是一种有效的方式,成了仓储管理的准则之一。

先进先出方式主要如下:

a.贯通式货架系统。

b."双仓法"仓储。给每种被储物准备两个仓位或货位,轮换存取,配以必须在一个货位中取光才可补充的规定,遵循信号实现"先进先出"。

c.计算机存取系统。采用计算机管理,在存货时向计算机输入时间记录,编入简单的时间顺序输出程序,取货时计算机就能按时间标志给予指示,以保证"先进先出"。

(二)提高利用率,提高仓容利用率

这种方法的目的是减少仓储设施的投资,提高单位仓储面积的利用率,以降低成本、减少土地占用。包括以下三类方法:

①采用高垛的方法,增加存储的高度,如采用高层货架仓库、采用集装箱等都可比一般堆存方法能增加存储高度。

②缩小库内通道宽度以增加存储面积,如采用窄巷道式通道,配以轨道式装卸车辆,以减少车辆运行宽度要求;采用侧叉车、推拉式叉车,以减少叉车转弯所需的宽度。

③减少库内通道数量以增加存储的有效面积,如采用密集型货架、可进车的可卸式货架、各种贯通式货架以及不依靠通道的桥式吊车装卸技术等。

(三)采用仓储定位系统

仓储定位的含义是被储物位置确定。仓储定位系统可采取先进的计算机管理,也可采取一般人工管理,行之有效的方式主要包括"四号定位"方式和计算机定位系统。

(四)采用监测清点方式

1."五化"码

"五化"码是中国手工管理中采用的一种科学方法。储存物堆垛时,以"五"为基本计数单位,堆成总量为"五"的倍数的垛形,如梅花五、重叠五等,堆码后,有经验者可过目成数,人工点数的速度大大加快且少差错。

2.计算机监控系统

计算机监控系统是用电子计算机指示存取,它可以防止人工存取所易于出现的差错。

四、仓储合理化的基本途径

(一)实行 ABC 分类控制法

ABC 分类控制法指将库存货物按重要程度细分为特别重要的库存(A 类货物)、一般重要的库存(B 类货物)和不重要的库存(C 类货物)并针对不同类型货物分别管理和控制。

(二)适度集中库存

所谓适度集中库存是利用储存规模优势以适度集中储存代替分散的小规模储存来实现合理化。

(三)加速总周转

储存现代化的重要课题是将静态储存变为动态储存,周转速度快会带来一系列合理化好处:资金周转快、资本效益高、货损小、仓库吞吐能力增加、成本下降等。

(四)采用"先进先出"方式

保证每个被储物的储存期不致过长,"先进先出"是一种有效的方式,成了仓储管理的准则之一。有效的"先进先出"方式主要包括贯通式货架系统储存、"双仓法"储存、计算机存取系统储存等。

(五)提高仓容利用率

①采取高垛。

②缩小库内通道宽度以增加储存有效面积。

③减少库内通道数量以增加储存有效面积。

(六)采用储存定位系统

储存定位的含义是被储物位置确定。定位系统能大大节约寻找、存放、取出的时间,节约不少物化劳动及活劳动,而且能防止差错,便于清点及实行订货点等管理。

任务二　仓储组织结构与人员配备

◎学习目标

　　1.掌握仓储型物流企业的组织结构。

　　2.掌握仓储型物流企业人员配备。

　　3.熟悉仓库保管员岗位职责以及仓储企业人员选拔要求。

　　4.掌握求职技巧。

　　5.树立诚信做人原则,培养学生良好职业道德。

◎任务导入

　　刘浩是一名即将毕业的现代物流管理专业的学生,来伊利物流集团某分公司的仓库实习,主要协助负责货物出库等作业。虽然在课堂上已学习了仓储企业组织结构及各级人员的岗位职责,但刘浩在实际工作过程中发现,不同仓储企业的组织结构对各级仓储人员有一定特殊要求,为了更好地完成工作任务,刘浩结合该仓储企业的组织结构,熟悉出库人员的岗位职责,并积极向经验丰富的同事请教学习。通过刻苦学习和练习,刘浩很快掌握了自己的岗位职责,工作效率和工作能力快速提升,得到了领导和同事认可。

◎任务要求

　　熟悉各仓储企业组织结构及人员配备。

◎任务实施

一、物流企业常见组织结构类型

(一)直线型组织结构

　　直线型组织结构是最简单和最基础的组织形式之一。它的特点是企业各级单位从上到下垂直领导,呈金字塔结构。直线型组织结构中,下属部门只接受直接上级的指令,各级主管负责人对所属单位的一切问题负责。其优点是结构比较简单、责任分明、命令统一。直线型组织结构形式,如图1-6所示。

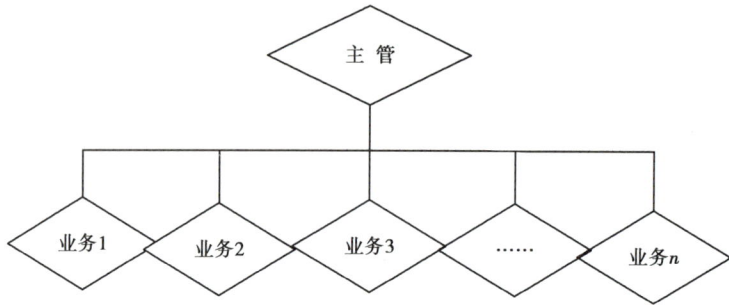

图 1-6　直线型组织结构形式

（二）职能型组织结构

物流组织采用职能分工,实行专业化管理办法来代替直线型全能管理者;各职能机构在自己业务范围内可以向下级下达命令指示,指挥下属。职能型组织结构形式,如图 1-7 所示。

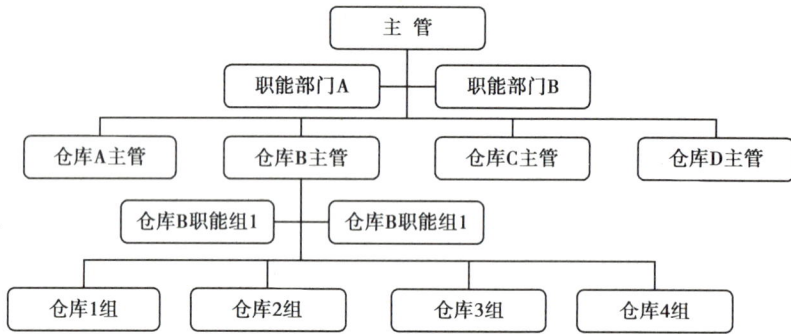

图 1-7　职能型组织结构形式

（三）事业部制组织结构

物流组织按产品或地区设立事业部(或子公司),每个事业部都有较完整的职能机构。在最高决策层授权下事业部享有一定权限,是具有较大经营自主权的利润中心。事业部制组织结构形式,如图 1-8 所示。

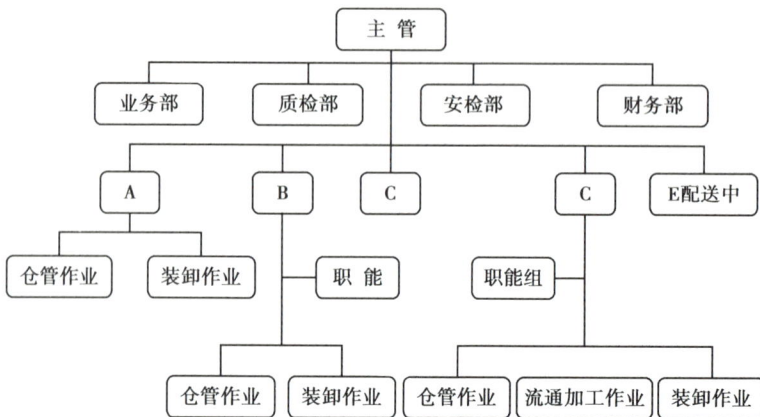

图 1-8　事业部制组织结构形式

二、仓储企业人员选拔

（一）仓储企业人员选拔的要求

①工作适合本人的业务条件和工作能力。

②工作任务充足,充分利用工作时间。

③有明确的任务和责任。

④利于协作,全面提高业务素质。

⑤各工作岗位稳定,利于管理。

（二）仓储企业人员选拔方法

1.仓储企业各类人员招聘形式(表 1-3)

表 1-3　仓储企业招聘形式

招聘形式	优点	缺点
内部招聘	对员工全面了解,选择准确性高,人员了解组织的特点,适应快,招聘成本低	来源少,难以保证招聘质量,容易"近亲繁殖"
外部招聘	来源广,有助于招到高质量的人员,企业获得新思想、新方法	筛选难度大,时间长,人员进入角色慢,招聘成本高

2.常用的人员甄选流程(图 1-9)

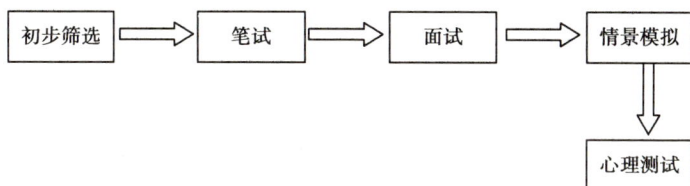

图 1-9　人员甄选流程

三、仓储企业人员培训

（一）培训形式

仓储企业员工培训形式,见表 1-4。

表 1-4　仓储企业员工培训形式

培训形式	培训内容
在职培训	企业经常采用的一种方法,平时工作中指导、以老带新、岗位培训、项目小组、同事间交流等,培训新员工
集中培训	企业内部举办集中培训班或委托培训机构专项培训

（二）培训方法

人员培训方法,见表1-5。

表 1-5 人员培训方法

培训方法	具体要求
知识类培训——直接传授法	通过一定途径向培训对象发送培训信息,这种方法的主要特征是信息交流的单向性和培训对象的被动性,如讲授、讲座、研讨
掌握技能型培训——实践法	在实际工作岗位或真实工作环境中,受训者亲身操作、体验,掌握工作所需的知识、技能,在岗员工培训中最常见,如工作指导法、工作轮换法
综合性能力培训——参与式	调动受训对象积极性,让培训者与受训者双方在互动中学习,其特征是,每个受训对象积极参与培训活动,从亲身参与中获得知识、技能和正确的行为方式,开拓思维、转变观念,如自学、案例研究法、模拟训练法

四、仓储企业人员绩效考核

（一）绩效考核的作用

①考核是人员调配的依据。

②考核是人员任用的依据。

③考核是组织培训的依据。

④考核有助于改善组织的工作。

⑤考核是薪酬分配和奖惩的依据。

（二）绩效考核的基本类型

1.特征导向型

考核的重点是员工的个人特质,如诚实度、合作性、沟通能力等,即考量员工是一个怎样的人。

2.行为导向型

考核的重点是员工的工作方式和工作行为,如服务员的微笑和态度、待人接物的方法等,即考量工作过程。

3.结果导向型

考核的重点是工作内容和工作质量,如产品的产量和质量、劳动效率等,侧重点是员工完成的工作任务和生产的产品。

任务三　仓储从业人员的岗位要求

◎学习目标

1.了解仓储从业人员的类型。

2.掌握仓储从业人员的基本职业素养要求。

3.能根据要求成为一员优秀的仓储作业人员。

4.培养学生爱岗敬业、恪尽职守职业精神。

◎任务导入

李强先生升迁的原因

刚到物流公司时,李强先生职位很低,现在,他已成为总公司下属公司的总经理。如此快速升迁,秘密就在于推迟下班。李强说:"在工作之初,我就注意到,每天下班后,所有人都回家了,但老板仍会留在办公室。我决定下班后也留在办公室里。没有人要求我这样做,但我认为,我应该留下来,在需要时为老板提供一些帮助。"

"当时,老板自己找文件、打印材料,发现我随时等候召唤,逐渐养成招呼我的习惯……"李强先生获得加班报酬了吗? 没获得。

◎任务要求

你认为一名仓储企业员工应具备哪些职业素养和岗位能力?

◎任务实施

合理配备仓储从业人员,根据仓储企业各项工作需要,为不同工作配备相应工种人员,以保证各项工作正常有序。

根据《仓储从业人员职业资质》(GB/T 21070—2007),仓储企业从业人员分为仓库管理员和仓储经理。

一、仓库管理员

仓库管理员是仓库内从事与物品仓储作业管理有关工作的一线操作人员的统称,包括直接从事物品收发、出入库、分拣、理货等工作的人员,不含装卸工,简称仓管员。

（一）仓库管理员应掌握的基本知识和基本技能

1.基本知识

（1）仓储作业流程

了解验收规则及入出库程序和分管库房的情况，掌握储存分类、分区、货位编号、定量堆码、复核、盘点对账等工作与方法，了解气候、温湿度变化对仓储作业的影响。

（2）库存物品

具有与本岗位有关的物理、化学、商品养护学基本知识，了解所保管物品的性能、特点，了解所保管物品的储存技术与温湿度要求。

（3）仓储工具设备

懂得常用仪器、仪表、设备、工具的使用方法和保养知识，掌握计算机相关知识。

（4）安全防护

掌握消防安全基本知识和操作规程，了解仓库安全的内容及要求，懂得物品包装储运图示、标志及一般消防器材的使用方法。

2.基本技能

（1）仓储作业

按照有关规范，准确日常收、发、保管。根据订单分拣、拆零、加工、包装、备货等；准确填表、记账和盘点对账；合理选择仓储设备；合理分区分类、货位编号和堆码苫垫；用感官和其他简易方法鉴别物品的一般质量，正确记录和合理调节库房温湿度；一般性保管和养护库存物品。

（2）使用设备工具

会操作计算机及仓储软件；能正确使用一般装卸搬运、计量、保管、养护、检验、消防、监控设备和设施。

（3）管理技能

及时发现差错和问题并处理，准确办理查询、催办及报亏等手续；熟知消防、匪盗等有关电话号码，熟知消防器材的存放地点和作用方法，发生安全事故能及时报警，采取措施应对火灾等灾害；结合本职工作，写出书面总结分析报告；指导装卸、搬运人员安全、规范作业。

（二）仓库管理员的基本类型及岗位工作内容

1.保管员

保管员指保存、维护管理存储物品的人员。

岗位工作内容如下：

①核对物品的入库凭证，清点入库物品，与送货人员办理交接手续。

②验收入库物品的数量、质量和包装，发现问题时，记录事故。

③安排物品的存放地点,登记保管账、卡和货位编号。

④定期盘点、清仓查库,向存货部门反映并催其处理积压、滞留、残损、变质等异状物品。

2.理货员

理货员指在仓库、配送中心、超市、港口码头等企业中从事物品整理、拣选、配货、包装、复核、置唛和物品交接、验收、整理、堆码等工作的人员。

岗位工作内容如下:

①核对物品品种、数量、规格、等级、型号和重量等。

②按照凭单拣选物品。

③复核拣出的物品。

④检验物品的包装、标志,包装、拼装出库待运的物品或对物品换装或加固包装,并填写装箱单。

⑤在出库物品外包装上设置运输标记。

⑥按物品的运输方式、流向和收货地点将出库物品分类管理、分单集中,填写物品启运单,并通知运输部门提货发运。

⑦搬运、整理、堆码。

⑧鉴定货运质量,分析物品残损原因,划分运输事故责任。

⑨办理物品交接手续。

3.商品养护员

商品养护员指保养维护库存商品的人员。

岗位工作内容如下:

①检验商品储存场所与环境,使其符合安全储存的条件。

②使用化学试剂、相关仪器或凭感官检测入库商品的质量、包装,发现问题,记录事故。

③使用温度、湿度测量仪器测量、记录库内温湿度并控制调节库内温湿度。

④检查在库商品的储存状况,并记录。

⑤在库商品防霉腐、防锈蚀、防虫害等。

二、仓储经理

仓储经理指从事仓储经营管理工作、具有经营管理权或业务指挥权与生产要素高度配置权的管理者,包括公司层面的仓储运作经理或总监、分公司的经理或库区经理等。仓储经理应具备的业务知识和理论知识及技能要求如下。

1.业务知识

①仓库管理员的相关基本知识。

②仓储作业流程、操作规范与管理软件应用知识。

③所保管物品的质量标准、储存技术标准、包装技术标准以及物品质量鉴别方法。

④常用仪器、仪表及工具、消防器械的基本性能、特点、使用方法及日常养护知识。

⑤计算机及仓储管理信息系统的相关知识。

2.理论知识

①现代仓储管理、现代仓储技术与设备等方面知识,供应链管理、现代物流管理、现代运输管理等基本知识。

②国家物流、仓储、运输等方面政策及标准。

③仓库消防安全各种制度、规定、措施及其操作规程。

④仓储成本核算与控制、合理库存与绩效管理的基本知识。

⑤一般企业管理所需的财务管理、客户关系管理、质量管理、市场营销、融资管理、公共关系管理、项目管理等方面知识。

⑥国内外仓储行业发展的基本情况及动态、国内外物流行业现状及发展趋势。

3.技能要求

①掌握仓库管理员的基本技能。

②组织领导能力。能够合理配置生产要素资源,能完成总结分析业务活动情况,并完成书面报告。

③方案设计能力。能根据客户需求,不断升级改造仓库动作流程、客户开发方案等,提高客户满意度,为客户量身定制个性化服务方案。

④人力资源管理能力。组织员工专业培训和人才开发,编写业务技术专业资料,专业培训仓库管理员,提高仓库管理员的业务素质,改善组织内人力资源结构。

⑤制度建设能力。能够根据业务的现实和发展要求,制定和完善相关业务运作管理、服务质量管理、安全生产管理和分配激励管理等规章制度,并组织、执行和实施。及时发现和指导、处理各种突发事件、异常现象和事故隐患,并能正确分析原因,提出预防措施。

⑥过程控制和质量管理能力。能够熟练掌握品质控制(Quality Control,QC)和 ISO 9000 质量管理体系要求,加强现场和细节管理,提升发现、分析与处理问题的能力,提高客户满意度。

⑦运作成本核算能力。科学分析客户质量要求和运作成本的关系,保证质量,节约成本。

⑧信息技术管理能力。运用现代信息技术手段,经营与管理仓储,在整个仓库管理及保管养护活动中,分析、预测可能发生的各类问题,并能采取相应的预防措施。

⑨具有一定谈判、沟通、营销能力。

任务四　仓储合同

◎学习目标

1.了解仓储合同的基本类型。

2.掌握仓储合同的基本条款内容。

3.能够按照规范要求完成仓储合同。

4.培养严谨操作的规范意识和勇于担当的职业精神。

◎任务导入

德伦商贸有限公司的一批货物须存放在宜信仓储物流有限公司,共2 000箱,具体商品见表1-6,欲存入宜信仓储物流有限公司的普通仓库A,入库检验时,该批商品《神奇校车第一辑》中3箱轻微破损,存储时间是3年,允许商品总质量的1%损耗,办理入库保险,保险费率为0.5%,仓储费为15元/(m²·月),保险采用一半预付一半出库付清结算方式。

表1-6　德伦商贸有限公司商品明细表

商品名称	规格	型号	单价/元	单位	包装规格	数量/箱	生产厂家
绿伞毛衣净	500 g	轻柔型	19.20	瓶	12瓶/箱	180	××化学股份有限公司
雕牌洗衣粉	560 g	冷水粉	10.00	袋	12袋/箱	80	×××集团有限公司
《幼儿多功能学习卡》	41张	拼音	10.00	盒	10盒/箱	50	山东××出版社
长江鳙鱼	380 g	麻辣	38.00	袋	6袋/箱	30	××食品有限公司
散养柴鸭	1 000 g	五香	78.00	袋	6袋/箱	30	××肉食品有限公司
神奇擦	三角形	YW-01	65.00	盒	12盒/箱	30	××工贸有限公司
全自动酸奶机	230 mm×165 mm×220 mm	FM-368	89.00	件	6件/箱	300	××电器制品有限公司
《神奇校车》	252 mm×212 mm	第一辑	124.00	套	11套/箱	150	××出版集团
婴儿舒润亲肤湿纸巾	200 mm×150 mm	25片	10.00	包	20包/箱	300	××日用商品有限公司
润菲婴儿爽身粉	140 g	清爽型	25.00	盒	25盒/箱	450	××妇幼用品有限公司
爱得利婴儿手口湿巾	200 mm×150 mm	25片	12.00	包	20包/箱	120	××婴幼用品有限公司
益达无糖口香糖	56 g	清爽型西瓜味	9.90	盒	50盒/箱	120	益达化学品有限公司
五花蜜护手霜	60 g	长效滋润型	3.00	管	50管/箱	80	××糖果有限公司
顺清柔迷你型面纸巾	210 mm×208 mm	10张三层	10.00	条	10条/箱	80	××工业园

◎任务要求

作为宜信仓库物流有限公司的仓库主管,请完成仓储合同。

◎任务实施

一、仓储合同定义特点及种类

(一)定义及特点

1.定义

仓储合同也称为仓储保管合同,指仓储保管人接受存货人交付的仓储物后妥善保管并在仓储期满时将仓储物完好地交还,同时收取保管费的协议。

2.特点

①仓储的货物所有权不发生转移,只是货物的占有权暂时转移,而货物的所有权或其他权利仍属于存货人。

②仓储保管的对象必须是动产,不动产不能作为仓储合同的保管对象。这是仓储合同区别于保管合同的显著特征。

③仓储合同的保管人必须具有依法取得从事仓储保管业务的经营资格。

④仓储合同是诺成合同。仓储合同自成立时生效。这是仓储合同区别于保管合同的另一个显著特征。

(二)种类

①一般保管仓储合同。

②混藏式仓储合同。

③消费式仓储合同。

④仓库租赁合同。

二、仓储合同当事人

(一)存货人

①有仓储物处分权的人。

②仓储物所有人:货主。

③仓储权利占有人:承运人。

(二)保管人

必须有仓储设备的所有权或经营使用权和经营资格。

三、仓储合同的标的和标的物

(一)标的——仓储保管行为(规定的对象)

存货期间内,按时交付货物支付仓储费,保管人给予养护,保管期满,须完整归还。

（二）标的物——仓储物（标的载体和表现）

货物品质、数量完好，保管人保管行为良好。

行为合同：约束仓储保管行为。

双务合同：双方相互享有权利、承担义务的合同。

四、仓储合同订立

（一）要约与承诺

交易磋商经历了 4 个过程：询盘、发盘（要约）、还盘、接受（承诺）。

1.要约

①要约必须向一个或一个以上特定的人发出。

②内容必须十分明确（品名、价格、数量），可明示或默示。

③愿意受其约束。

④送达有效。

2.承诺

①特定的受盘人作出声明（口头或书面）。

②必须接受全部内容。

③在有效期内送达。

④预约合同具有法律效力。

（二）订立仓储合同的原则

1.平等的原则

当事人双方法律地位平等是合同订立的基础，是任何合同行为都需要遵循的原则。任何一方采取恃强凌弱、以大欺小或者行政命令的方式订立的合同都是无效合同。任何一方不能采取歧视的方式选择订立合同的对象。

2.等价有偿的原则

仓储合同是双务合同，合同双方都要承担相应的合同义务，享受相应的合同利益。保管人的利益体现在收取仓储费和劳务费两个方面。在仓储过程中，保管人的劳动、资源投入的多少，决定了保管人能获得多少报酬。等价有偿的原则也体现在当事人双方合同权利和义务对等上。

3.自愿与协商一致的原则

生效合同是指当事人完全根据自身的需要和条件，通过广泛协商，在整体上接受合同约定时所订的合同。任何采取胁迫、欺诈等手段订立的合同都将是无效的合同。若合同未经协商一致，将来在合同履行中就会产生严重的争议，甚至会导致合同无法履行。

4.合法和不损害社会公共利益

当事人在订立合同时要严格遵守相关的法律法规，不得发生侵犯国家主权、危害环境、超越经营权、侵害所有权等违法行为。合同主体在合同行为中不得有扰乱社会经济秩序、妨碍人民生活、违背道德的行为。

(三)合同的形式

合同的形式包括书面形式、口头形式、其他形式(行为表示、格式合同)。

五、仓储合同的条款

仓储合同的主要条款一般包括物品的品名或品类;物品的数量、品质、包装;物品验收的内容、标准、方法、时间;物品的保管条件和保管要求;物品进出库的手续、时间、地点、运输方式;物品的损耗标准和损耗处理;计费项目、标准和结算方式、银行、账号、时间;责任划分和违约处理;合同的有效期限;变更和解除合同的期限。

六、生效和无效

(一)生效(合同成立时生效)

诺成性合同:当事人表示一致即可成立的合同,也称不要物合同。

实践性合同:除当事人意思表示一致外,还必须交付的物方能成立的合同。例如,赠与合同是实践性合同,当赠与人将物品交与受赠人后,合同方能成立,保管合同是实践性合同(如分手后男方赠与女方的白金项链可否要回)。

买卖合同:运输合同是诺成性合同。例如,双方3月2日签订仓储合同,约定3月15日存货人交付仓储物,3月10日保管人反悔。

(二)无效

合同违法,由人民法院或仲裁机构、工商行政机关认定。

七、仓储合同变更、解除

(一)合同变更

1.方式

期限内答复:同意/不同意变更。

不答复:同意变更。

2.后果

对变更前已履行部分,没有追溯力。

对变更前未履行部分,可向对方请求赔偿或变更合同的条件。例如,仓储费率提高时,提出变更请求,若存货人同意变更,仓储费按变更后支付,变更前费率不变;若存货人并未支付仓储费,保管人可请求赔偿。再例如,仓储物数量规定1月份交付10吨、2月份交付10吨,而实际中存货人1月份交付50吨、2月份交付150吨并提出变更数量,保管人可索赔。

（二）合同解除

解除方式 ┫
　双方协商解除合同 ┫ 协商
　　　　　　　　　　出现合同中解除条款的内容，如不可抗力
　法律规定解除合同 ┫ 不可抗力
　　　　　　　　　　预期违约、签订合同之后、实际履行之前
　　　　　　　　　　迟延履行合同
　　　　　　　　　　仓储合同目的无法实现

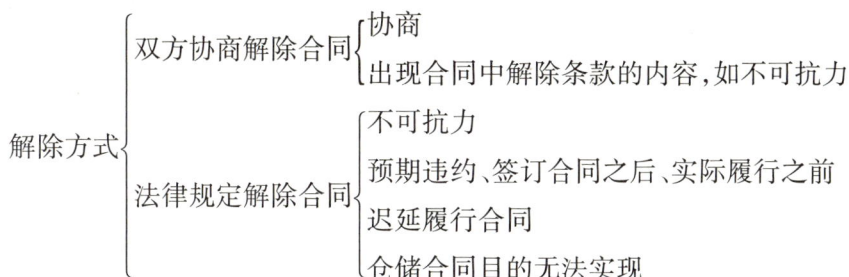

注：如保管方延迟交货致使存货人延迟销售或保管不善。

八、仓储合同的样本（表1-7、表1-8）

表1-7　仓库租赁合同书

出租方：_____（以下简称甲方）

地址：_____　　　　身份证：_____

电话：_____

承租方：_____（以下简称乙方）

地址：_____　　　　身份证：_____

电话：_____

　　根据有关法律、法规，甲乙双方经友好协商，达成如下条款，以供遵守。

　　第一条　租赁物位置、面积、功能及用途

　　1.1　甲方将位于_____的仓库（以下简称"租赁物"）租赁于乙方使用。租赁物面积经甲、乙双方认可，确定为_____平方米。

　　1.2　本租赁物的功能为_____，包租给乙方使用。如乙方须转变使用功能，须经甲方书面同意，因转变功能所需办理的全部手续由乙方按政府的有关规定申报，因改变使用功能所应交纳的全部费用由乙方自行承担。

　　1.3　本租赁物采取包租的方式，由乙方自行管理。

　　第二条　租赁期限

　　2.1　租赁期限为____年，即_____年___月___日起_____年___月___日止。

　　2.2　租赁期限届满前_____个月提出，经甲方同意后，甲、乙双方将对有关租赁事项重新签订租赁合同。在同等承租条件下，乙方有优先权。

　　第三条　租赁物交付

　　由起租日开始计收租金。在本出租合同生效之日起____日内，甲方将租赁物按现状交付乙方使用，且乙方同意按租赁物及设施的现状承租。

　　第四条　租赁费用

　　4.1　租赁保证金

续表

本出租合同的租赁保证金为首月租金的_____倍,即人民币_____元(大写:_____)。

4.2 租金

租金为每月人民币_____元。

4.3 物业管理费

物业管理费为每月人民币_____元。

4.4 电费每月结算一次,每度_____元,水费每月结算一次,每立方米_____元。

第五条 租赁费用支付

5.1 乙方应于本合同签订之时,向甲方一次性支付全部保证金人民币_____元。

租赁期限届满,在乙方已向甲方交清了全部应付的租金、物业管理费及因本租赁行为所产生的一切费用,并按本合同规定承担向甲方交还承租的租赁物等本合同所约定的责任后_____日内,甲方将向乙方无条件退还租赁保证金。

5.2 乙方应于每月_____号或该日以前向甲方支付当月租金,现金交付,同时交付物业管理费、电费、水费。

乙方逾期支付租金时,应向甲方支付滞纳金,滞纳金金额为拖欠天数乘以欠缴租金总额的_____。

5.3 乙方应于每月交付租金的同时按第4.3条的约定向甲方支付物业管理费。逾期支付物业管理费时,应向甲方支付滞纳金,滞纳金金额为拖欠天数乘以欠缴物业管理费总额的_____。

第六条 专用设施、场地维修、保养

6.1 乙方在租赁期间享有租赁物所属设施的专用权。乙方应负责租赁物内专用设施的维护、保养、并保证在本合同终止时专用设施以可靠运行状态随同租赁物归还甲方。甲方对此有检查监督权。

6.2 乙方对租赁物附属物负有妥善使用及维护之责任,对各种可能出现的故障和危险应及时消除,以避免一切隐患。

6.3 乙方在租赁期限内应爱护租赁物,因乙方使用不当造成租赁物损坏,乙方应负责维修,费用由乙方承担。

第七条 防火安全

7.1 乙方在租赁期间须严格遵守《中华人民共和国消防法》以及有关法律、法规,积极配合甲方做消防工作,否则,由此产生的一切责任及损失由乙方承担。

7.2 乙方应在租赁物内按有关规定配置灭火器,严禁将楼宇内消防设施用作其他用途。

7.3 租赁物内确因维修等事务须一级临时动火作业时(含电焊、风焊等明火作业),须消防主管部门批准。

7.4 乙方应按消防部门有关规定全面负责租赁物内防火安全,甲方有权于双方同意的合理时间内检查租赁物的防火安全,但应事先给乙方书面通知。乙方不得无理拒绝或延迟同意。

第八条 物业管理

8.1 乙方在租赁期满或合同提前终止时,应于租赁期满之日或提前终止之日将租赁物清扫干净、搬迁完毕并将租赁物交还给甲方。如乙方归还租赁物时不清理杂物,清理该杂物所产生的费用由乙方承担。

8.2　乙方在使用租赁物时必须遵守中华人民共和国的法律、法规以及甲方有关租赁物物业管理的有关规定,如违反,应承担相应责任。倘乙方违反上述规定、影响建筑物周围其他用户正常运作,所造成损失由乙方承担。

第九条　装修条款

9.1　在租赁期限内,如乙方须装修、改建,须事先向甲方提交装修、改建设计方案,并经甲方同意,同时须向政府有关部门申报。

如装修、改建方案可能对公用部分及其他相邻用户影响,甲方可对该部分方案提出异议,乙方应予以修改。改建、装修费用由乙方承担。

9.2　如乙方的装修、改建方案可能对租赁物主结构造成影响,则应经甲方及原设计单位书面同意。

第十条　租赁物的转租

未经甲方书面同意,乙方不得将租赁物转租。否则自动终止合同,没收保证金,对该仓库清场。

第十一条　提前终止合同

11.1　在租赁期限内,若乙方欠交租金或物业管理费超过_____日,甲方有权停止乙方使用租赁物内有关设施,由此造成的一切损失(包括但不限于乙方及受转租户的损失)由乙方全部承担。

若乙方欠交租金或物业管理费超过_____日,甲方有权提前解除本合同,并按本条第2款规定执行,本合同自动终止。甲方有权留置乙方租赁物内财产(包括受转租人的财产)并在解除合同的书面通知发出之日起5日后,将留置的财产用于抵偿乙方应支付的因租赁行为所产生的全部费用。

11.2　未经甲方书面同意,乙方不得提前终止本合同。如乙方确需提前解约,须提前____个月书面通知甲方,且履行完毕以下手续,方可提前解约。a.向甲方交回租赁物;b.交清承租期的租金及其他因本合同所产生的费用;c.应于本合同提前终止前一日或之前向甲方支付相等于当月租金_____倍的款项作为赔偿。甲方在乙方履行完毕上述义务后5日内将乙方的租赁保证金无息退还。

第十二条　免责条款

12.1　若政府有关租赁行为的法律法规修改导致甲方无法继续履行本合同,将按本条第2款执行。

12.2　凡因发生严重自然灾害、战争或其他不能预见的、其发生和后果不能防止或避免的不可抗力致使任何一方不能履行本合同时,遭受不可抗力的一方免责。

第十三条　合同终止

本合同提前终止或有效期届满,甲、乙双方未达成续租协议时,乙方应于终止之日或租赁期限届满之日迁离租赁物,并将其返还。乙方逾期不迁离或不返还租赁物时,应向甲方加倍支付租金,但甲方有权书面通知乙方其不接受双倍租金,并有权收回租赁物,强行将租赁场地内物品搬离租赁物,且不负责保管。

第十四条　适用法律

14.1　本合同在履行中发生争议,应由双方协商解决,若协商不成,则通过仲裁程序解决,双方一致同意以中国国际经济贸易仲裁委员会作为争议的仲裁机构。

14.2　本合同受中华人民共和国法律管辖,并按中华人民共和国法律解释。

续表

第十五条　其他条款

15.1　本合同未尽事宜,经双方协商一致后,可另行签订补充协议。

15.2　本合同一式两份,甲、乙双方各执一份。

第十六条　合同效力

本合同经双方签字、盖章,并甲方收到乙方支付的首期租赁保证金款项后生效。

甲方(签字):＿＿＿＿＿＿＿＿＿＿＿＿

乙方(签字):＿＿＿＿＿＿＿＿＿＿＿＿

签订时间:＿＿年＿＿月＿＿日

表 1-8　仓储保管合同

订立合同双方

保管方:＿＿＿＿＿＿＿＿＿＿＿＿＿＿＿＿＿＿

存货方:＿＿＿＿＿＿＿＿＿＿＿＿＿＿＿＿＿＿

保管方和存货方根据委托储存计划和仓储能量的情况协商一致,签订本合同,共同信守。

第一条　储存货物的名称、规格、数量、品质

1.货物名称:＿＿＿＿＿＿＿＿＿＿＿＿＿＿＿＿＿＿＿＿＿＿＿＿＿＿。

2.品种规格:＿＿＿＿＿＿＿＿＿＿＿＿＿＿＿＿＿＿＿＿＿＿＿＿＿＿。

3.数　　量:＿＿＿＿＿＿＿＿＿＿＿＿＿＿＿＿＿＿＿＿＿＿＿＿＿＿。

4.品　　质:＿＿＿＿＿＿＿＿＿＿＿＿＿＿＿＿＿＿＿＿＿＿＿＿＿＿。

5.货物包装:＿＿＿＿＿＿＿＿＿＿＿＿＿＿＿＿＿＿＿＿＿＿＿＿＿＿。

或者采用如下表格。

编号	包装	货物名称	品种规格	数量	品质

第二条　货物包装

1.存货方负责货物的包装,包装标准按国家或专业标准规定执行,没有以上标准时,在保证运输和储存安全的前提下,合同当事人议定标准。

2.包装不符合国家或合同规定并造成货物损坏、变质时,存货方负责。

第三条　保管方法

根据有关规定保管,或者根据双方协商方法保管。

第四条 保管期限

____年__月__日至__年__月__日。

第五条 验收项目和验收方法

1.存货方应当向保管方提供必要的货物验收资料,如未提供必要的货物验收资料或提供的资料不齐全、不及时,所造成的验收差错及贻误索赔或者发生货物品种、数量、质量不符合合同规定时,保管方不承担赔偿责任。

2.保管方应按照合同规定的包装外观、货物品种、数量和品质,验收入库物,如果入库货物与合同规定不符,保管方应及时通知存货方。保管方未按规定的项目、方法和期限验收或验收不准确,造成的实际经济损失由保管方承担。

3.验收期限:国内货物不超过10天,国外到货不超过30天。超过验收期限时,所造成的损失由保管方承担。货物验收期限指货物和验收资料全部送达保管方之日至验收报告送出之日。日期均以运输或邮电部门的戳记或直接送达的签收日期为准。

第六条 入库和出库的手续

按照有关入库、出库的规定办理,如无规定,按双方协议办理。入库和出库时,双方代表或经办人都应在场,检验后记录要由双方代表或经办人签字。该记录应视为合同的有效组成部分,当事人双方各保存一份。

第七条 损耗标准和损耗处理

按照有关损耗标准和损耗处理的规定办理,如无规定,按双方协议办理。

第八条 费用负担、结算办法

_____。

第九条 违约责任

一、保管方的责任

1.保管方造成退仓或不能入库时,应按合同规定赔偿存货方运费和支付违约金。

2.不按规程操作或妥善保管危险物品和易腐货物并毁损时,负责赔偿损失。

3.货物在储存期间,由于保管不善而货物丢失、短少、变质、污染、损坏时,负责赔偿损失。如包装不符合合同规定或超过有效储存期,货物损坏、变质时,不承担赔偿责任。

4.由保管方负责发运货物时,保管方如不能按期发货,赔偿存货方逾期交货的损失;如错发到货地点,除按合同规定无偿运到规定的到货地点外,还须赔偿存货方因此而造成的损失。

二、存货方的责任

1.必须在合同中注明易燃、易爆、有毒等危险物品和易腐物品,并提供必要的资料,否则造成货物毁损或人身伤亡由存货方承担赔偿责任,直至司法机关追究其刑事责任。

2.存货方不能按期存货时,应偿付保管方的损失。

3.超议定储存量或逾期不提时,除缴纳保管费外,还应偿付违约金。

续表

三、违约金和赔偿方法
1.违反货物入库计划和货物出库规定时,当事人必须向对方交付违约金。违约金的数额为违约所涉及部分货物的3个月保管费(或租金)或3倍劳务费。
2.因违约遭受经济损失时,如违约金不足抵偿实际损失,还应以赔偿金的形式补偿差额部分。
3.前述违约行为造成损失时,一律赔偿实际损失。
4.赔偿货物的损失时,一律按照进货价或国家批准调整后价格计算;有残值时,应扣除其残值部分或残件归赔偿方,不赔偿实物。
第十条 由于不能预见并且对其发生和后果不能防止或避免的不可抗力事故而直接影响合同履行或者不能按约定条件履行时,遇不可抗力事故的一方,应立即将事故情况电报通知对方,并应在数天内提供事故详情及合同不能履行、部分不能履行或者须延期履行的理由的有效证明文件,此项证明文件应由事故发生地区公证机构出具。按照事故对履行合同影响的程度,双方协商决定是否解除合同、部分免除履行合同的责任或者延期履行合同。
第十一条 其他
_____。
保管方:_____(公章)
代表人:_____(盖章)
地址:_____
开户银行:_____
账户:_____
存货方:_____(公章)
代表人:_____(盖章)
地址:_____
开户银行:_____
账号:_____
____年____月____日订

基础练习

一、判断题

1.仓储合同的标的是仓储保管行为,但标的物是仓储物。　　　　　　　　　　　　(　　)

2.如果存货人提前提取仓储物,保管人可适当减少仓储费用。　　　　　　　　　(　　)

3.仓储合同是诺成合同,在合同成立时生效。　　　　　　　　　　　　　　　　(　　)

4.如果没有仓储物的所有权,就不能成为存货人。　　　　　　　　　　(　　)

5.作为一般仓储合同,保管人在交还仓储物时应将原物及孳息、残余物一并交还。

(　　)

二、简答题

1.如何理解仓储合理化的标志。

2.仓储合理化的做法。

3.仓储合同违约责任和承担方式。

4.仓储管理人员应具备的能力。

5.如何做好一名仓储经理。

实训练习

1.掌握仓储企业各岗位的职责

学生分组,猜仓储岗位角色名称和岗位职责。老师准备角色牌,牌子上写出仓储岗位的角色,但不写职责内容。游戏开始,各组从主持人手中抽取牌子,并按照牌子上写的仓储岗位角色,说出该岗位的职责,然后重新抽取牌子,认识岗位,反复几次,直至大家都熟悉各岗位职责。

实习要求:完成仓储企业岗位认知。

2.熟悉仓储保管合同的基本条款

某五金公司与某商贸公司有着多年业务往来,两个公司经理私交很深。某年5月,五金公司经理王先生找到商贸公司经理张先生,称:"我公司购回走私彩色电视500台,有关部门正在追查,因此,想请张经理帮忙,将这批货物暂时在商贸公司存放一段时间,待风头过后,我公司立即处理。"商贸公司张经理说:"寄存你这批货存在风险,要适当收取仓储费,另外,这批货一旦被有关部门查封、扣押或没收,我单位不承担任何责任。"商议后,双方按照仓储费用标准,签订了仓储保管合同。合同约定,商贸公司为五金公司储存彩色电视机500台,期限6个月,每月仓储费为1 000元。同年10月,在存放期间,该批货被有关部门查获并没收。后来,双方当事人因仓储费发生争执,经协商未果,商贸公司讼至法院,要求五金公司支付仓储费并赔偿。

(1)案例中所签合同是否有效?

(2)五金公司是否应支付仓储费,为什么?

实训要求:学生分组讨论。

3.熟记仓储合同违约责任的相关条款内容

2020 年 10 月 4 日,蓝天商贸有限公司与宜信仓储物流公司签订了一份仓储保管合同。合同主要约定,宜信仓储物流为蓝天商贸有限公司储存、保管烟草 40 万 kg,保管期限自 2020 年 10 月 10 日至 2020 年 12 月 10 日,储存费用为 60 000 元,储存期间,如任何一方违约,均按仓储费用的 30% 支付违约金。合同签订后,宜信仓储物流公司清理仓库,并拒绝其他有关单位的存货要求。11 月 8 日,蓝天商贸有限公司书面通知:"因收购的烟叶不足 20 万 kg,故不须存放在贵公司仓库,双方于 10 月 10 日所签订的仓储合同终止,请谅解。"

收到蓝天商贸有限公司的书面通知后,宜信仓储物流公司同意仓储合同终止,但要求蓝天商贸有限公司支付违约金 18 000 元。蓝天商贸有限公司拒绝支付违约金,双方产生纠纷,宜信仓储物流公司于 2021 年 2 月 21 日向人民法院提起诉讼,请求判定蓝天商贸有限公司支付违约金 18 000 元。

请问:蓝天商贸有限公司在尚未交付货物的情况下,是否应支付违约金 18 000 元?

实训要求:学生分组讨论,分析任务内容。

模块二

仓储作业流程

项目一　入库作业

任务一　编制入库作业计划

◎学习目标

1.熟悉入库作业计划的内容。

2.掌握入库作业计划编制的流程。

3.能够编制并实施入库作业计划。

4.树立正确的职业道德规范。

5.养成良好的职业行为习惯。

6.培养学生社会责任感与参与意识。

◎任务导入

众鑫物流中心的仓库分为平置库存储区和高架库存储区,具体的储存条件如下。

1.平置库存储区地坪荷载为 3 t/m², 库高 6 m, 可用宽度受限为 9 m。

2.高架库存储区货位规格为 1 200 mm×1 000 mm×1 000 mm, 单货位承重为 500 kg; 托盘规格为 1 200 mm×1 000 mm×160 mm; 单位托盘质量为 10 kg; 作业预留高度不少于 150 mm。

2020 年 1 月 27 日, 众鑫物流中心仓库收到供应商入库通知单一份, 到货物品为青蛙王子婴幼儿沐浴露和美的空调, 计划存储至该仓库。该批货物计划到货日期为 2020 年 1 月 28 日下午 3 点, 入库通知单见表 2-1。

表 2-1　入库通知单

单号:20200127001	2020 年 1 月 27 日						
序号	货物名称	型号/规格	单位	包装	数量	质量/kg	堆码极限
1	青蛙王子婴幼儿沐浴露	325 mm×157 mm×237 mm	箱	纸箱	4 200	8	4 层
2	美的空调	外机:900 mm×575 mm×350 mm 挂机:900 mm×290 mm ×202 mm	套	纸箱	1 000	外机:32 挂机:11	5 层 5 层

◎任务要求

作为众鑫物流中心仓库主管,你该如何编制本次入库计划?

◎任务实施

一、分析入库通知单,了解物流属性

仓库主管分析入库通知单,了解入库物品属性,并将客户入库时所提出的具体要求纳入入库作业计划编制要点。查看入库通知单,判定物品属性,其均为普货。

二、编制入库作业计划

(一)入库作业计划及主要内容

入库作业计划指,仓库部门根据本部门和存货人等外部实际情况,权衡存货人的需求和仓库存储的可能性,科学预测,提出在未来一定时期内仓库要达到的目标和实现目标。

入库作业计划是存货人发货和仓库部门入库前准备的依据。入库作业计划主要包括到货时间、接运方式、包装单元与状态、存储时间及名称、品种、规格、数量、单件体积与质量、物理特性、化学特性、生物特性等详细信息。

(二)明确入库作业计划应解决的问题

1.明确入库货物

了解入库货物的品种、规格、数量、包装状态、单件体积、到货确切时间、存期、理化特性、保管要求等。

2.明确仓库库场情况

了解仓库在入库、保管期间库容、设备、人员。

3.安排入库作业任务

制订并下达仓储作业指令时应依据以下内容:货物情况、工作人员情况、仓库情况、设备情况。

4.安排货位

首先,根据货物性能、数量、类别并结合仓库分区分类报关的要求,核算货位大小。其次,根据货位使用原则,确定验收场地,妥善安排货位,确定苫垫方案、堆垛方法等。最后,根据货物属性与储位规划、客户商谈要求等分配储区:青蛙王子婴幼儿沐浴露存入高架库区,美的空调存入平置库区。

5.货位准备

主要做清洁货位、清除残留物、清理排水管道、消毒除虫、铺地、检查照明、通风设备等

工作。

6.准备作业工具

根据所确定的苫垫方案,准备相应的材料以及所需的用具并组织衬垫、铺设作业。

7.验收准备

验收方法确定后,准备验收所需的工具及用具,点数、称量、测试、开箱装箱、丈量、移动照明等。

8.确定装卸搬运工艺

根据货物、货位、设备条件、人员等,确定合理的装卸搬运工艺。

9.准备单证文件

主要准备报表、单证、记录簿,包括入库记录、理货检验单、料卡、残损单等。

三、安排作业人员

根据入库作业时间和入库作业到货数量,合理安排作业人员,以保证入库作业及时完成。

四、下达计划

将到货时间、接运方式、包装单元与状态、存储作业安排、作业时间及作业要求等告知作业人员。

任务二　货位规划

◎学习目标

1.了解物品的属性、存储条件。

2.掌握货位规划的基本要求和流程。

3.能制定存储规则,确定存储策略。

4.树立正确的职业道德规范。

5.养成良好的职业行为习惯。

6.培养学生社会责任感与参与意识。

◎任务导入

某物流中心收到供应商入库通知单一份,到货物为佳洁士爽肤沐浴露、五金工具、汽车空调压缩机、荣耀路由器。其中,佳洁士爽肤沐浴露、五金工具为年终大促提前备货,计划存储到前置仓(云仓);汽车空调压缩机是为汽车制造商提供生产支持的库存,计划存储至立体仓库。入库通知单见表2-2。

表2-2　入库通知单

单号:20201210001		2020 年 12 月 10 日					
序号	货物名称	型号/规格	单位	包装	数量	质量/kg	堆码极限
1	佳洁士爽肤沐浴露	325 mm×157 mm×237 mm	箱	纸箱	4 200	8	4 层
2	五金工具	400 mm×250 mm×320 mm	箱	木箱	2 400	48	5 层
3	汽车空调压缩机	460 mm×260 mm×200 mm	台	纸箱	2 700	10	5 层
4	荣耀路由器	115 mm×115 mm×108 mm	台	纸盒	1 000	1	6 层

◎任务要求

作为物流中心仓库主管,在确保安全的前提下,你如何准确地将此批物品存入合适的储存位置?

物流中心仓库分为前置仓(云仓)和立体仓库两类型。前置仓(云仓)有 3 个储区,即平置库存储区、高架库存储区和密集型存储区("货到人"储区),各存储区条件如下。

1.平置库存储区地坪荷载为 2 t/m²,库高为 4.8 m,可用宽度受限为 5 m。

2.高架库存储区货位规格为 1 200 mm×1 000 mm×1 000 mm,单货位承重为 500 kg;托

盘规格为 1 200 mm×1 000 mm×160 mm;单位托盘质量为 10 kg,作业预留高度不少于150 mm。

3.密集型存储区为四列六层货架,单货位规格为 600 mm×800 mm×500 mm;单货位承重为 50 kg;周转箱规格为 600 mm×400 mm×360 mm;单位周转箱质量为 2 kg;作业预留高度不少于 100 mm,且物品包装(高度)至少应有三分之一在周转箱中。

4.自动化立体库货位规格为 1 100 mm×1 300 mm×1 000 mm,单货位承重为 500 kg;托盘规格为 1 200 mm×1 000 mm×160 mm;单位托盘质量为 10 kg,作业预留高度不少于150 mm。

◎ **任务实施**

一、明确物品属性与存储要求

分析入库通知单,了解入库物品属性,结合客户入库时所提出的具体要求,完成物品储位规划。

(一)明确物品属性

分析入库通知单,判定物品属性,其均为普货,具体分为日化、五金、汽车配件、电子产品 4 类。

(二)明确存储要求

根据物品属性与物品储位规划、客户要求等,分配储区如下:佳洁士爽肤沐浴露为高架库区,五金工具为平置库区,汽车空调压缩为立体库区,荣耀路由器存入密集型存储区("货到人"储区)。

二、安排储位

根据入库通知单,在物品到达前将存储的位置和所需的货位准备完毕。

(一)高架库货架储位准备

佳洁士爽肤沐浴露上架存储,在明确存储位置和所需货位数量的同时,还要准备相应的数量托盘。

1.货架储位优化

决定计划入库物品存储位置的关键因素是物动量分类结果,高物动量物品应该选择首层货位。佳洁士爽肤沐浴露在当季属于高物动量物品,因此,应在低层货位存放。

2.货架储位及托盘数量准备

为保证计划入库物品顺利入库,仓库管理人员应在入库前准备足够的货位和上架所需要的托盘。在计算所需货位及托盘数量时,应考虑的因素包括计划入库的物品种类及包装规格、货架货位的设计规格、所需托盘规格、叉车作业要求、作业人员的熟练程度与技巧。

计算储位占用步骤如下:

第一步:经过绘制组托图及组托软件计算,托盘面积最大码放物品数量为21箱。

第二步:托盘码放层数=(1 000-160-150)/237=2(层)

第三步:确认货物堆码极限层高=4(层)

第四步:货位承重范围内堆码层数=(500-10)/(8×21)=2(层)

第五步:码托层高=min[2,4,2]=2(层)

第六步:储位(托盘)数量=4 200/(2×21)=100(个)

因此,共需要100个储位及托盘。

(二)平置库储位准备

根据入库通知单,在物品到达前,确定存储的位置和所需的货位面积。

1.确定物品存储的位置

主要考虑平置库平面布局、物品在库时间、物品物动量高低等关键因素。高物动量的物品在库时间一般较短,所以高物动量的物品应放置在离通道或库门较近的地方。

2.确定物品所需货位面积必须考虑的因素

仓库的可用高度、仓库地面荷载、物品包装物所允许的堆码层数以及物品包装物的长、宽、高等。

计算步骤如下:

第一步:单位包装物品底面积=0.4×0.25=0.1(m²)

第二步:单位面积质量=48÷0.1=480(kg)

第三步:考虑库房高度的可堆高层数=4.8÷0.32=15(层)

第四步:考虑地坪荷载的可堆高层数=2 000÷480=4.17≈4(层)

第五步:包装标志的可堆高层数=5(层)

可堆高层数=min(15,4,5)=4(层)

第六步:占地面积=(2 400÷4)×0.1=60(m²)

第七步:垛宽=5÷0.25=20(箱)

　　　　垛长=60÷5÷0.4=30(箱)

　　　　垛高=4(箱)

(三)立体库储位规划

汽车空调压缩机上架存储,在明确存储位置和所需货位数量的同时,还要准备相应数量托盘。

计算储位占用步骤如下:

第一步:经过绘制组托图及组托软件计算,托盘面积最大码放物品数量为9箱。

第二步:托盘码放层数=(1 000-160-150)÷200=3(层)

第三步:确认货物堆码极限层高=5(层)

第四步:货位承重范围内堆码层数=(500-10)÷(10×9)=5(层)

第五步:码托层高=min[3,5,5]=3(层)

第六步:储位(托盘)数量=2 700÷(3×9)=100(个)

因此,本次共需要 100 个储位及周转箱。

(四)密集型存储区("货到人"储区)储位规划

荣耀路由器上架存储,在明确存储位置和所需货位数量的同时,还要准备相应数量的周转箱。

计算储位占用步骤如下:

第一步:经过绘制组托图及组托软件计算,周转箱内单层最大码放物品数量为 15 台。

第二步:周转箱内货物码放层数=(360+72-100)÷108=3(层)

第三步:确认货物堆码极限层高=6(层)

第四步:货位承重范围内堆码层数=(50-2)÷(1×15)=3(层)

第五步:码托层高=min[3,6,3]=3(层)

第六步:储位(托盘)数量=1 000÷(3×15)=23(个)

因此,本次共需要 23 个储位及周转箱。

任务三 入库设施设备

◎学习目标

1. 熟悉入库设施设备的种类、功能及特点。

2. 了解各种入库设施设备的使用方法及注意事项。

3. 能够识别和使用常用的入库设施设备。

4. 树立节约意识、成本意识和安全意识。

5. 培养学生精益求精、效率最大化意识。

◎任务导入

众鑫仓储物流中心仓库仓管员王某收到了鸿源商贸公司一份入库任务单,根据该任务单,仓库的客服员已经为这批货物分配储位,具体情况见表2-3。

表2-3 入库任务单

入库任务单								
					作业计划单号:			
库房	01	√ 正常商品			暂存商品	退换货		
客户名称	鸿源商贸公司	客户编号		无	制单时间	2020 年 6 月 28 日		
入库通知单号	RKTZD003	应收总数		86 箱	实收数量	86 箱		
产品名称	产品编号	规格	单位	应收数量	实收数量	货位		备注
冰红茶	CP005	410 mm×310 mm×250 mm	箱	24	24	B 区 01 储位		
农夫山泉	CP006	340 mm×210 mm×240 mm	箱	30	30	B 区 02 储位		
百事可乐	CP007	460 mm×260 mm×290 mm	箱	32	32	B 区 03 储位		
保管员	王某		制单人					

◎任务要求

作为众鑫物流中心仓库仓管员,王某该如何装卸搬运这批货物并安全、快速地将此批物品存储至合适的储位?

◎任务实施

在货物到库之前,根据货物的种类、包装、规格、数量确定装卸搬运及检验的方法,并准备相应的装卸搬运设备、车辆、检验器材、度量衡、秤、尺、移动照明、堆码的工具以及危险品需要的必要的防护用品。

一、预测入库设备需求

仓管员首先须预测入库设备需求,主要包括估算物品、设备、人员等相关因素,然后进行关联性分析,最后得出设备的选型。仓库仓储设备主要包括储存设备、装卸搬运设备和输送设备。

二、选择储存设备

在选择储存设备时,需充分考虑商品特性、存储要求、出入库流量、搬运设备等相关要素,需分析并比较各种要素。

(一)货架

货架指用支架、隔板或托架组成的立体储存成件货物的设施。

1.货架的作用及功能

①货架可充分利用仓库空间,提高库容利用率,扩大仓库储存能力。

②货架存放遵循"分层堆放"保管规范,存入货架的货物互不挤压,可完整地保证物资本身的性能,减少货物损失。

③存取方便,便于清点及计量,可做到先进先出。

④可以采取防潮、通风、防尘、防盗、防破坏等措施,以保证和提高物资储存质量。

⑤很多新型货架的结构及功能有利于实现仓库机械化及自动化管理。

2.货架的类型

货架的类型见表2-4。

表2-4 货架的类型

标准	类型
按货架的发展分类	传统式货架:层架、层格式货架、抽屉式货架、橱柜式货架、U 形架、悬臂架、栅架、鞍架、气罐钢筒架、轮胎专用货架等
	新型货架:旋转式、移动式、装配式、调节式、托盘式、进车式、高层式、阁楼式、重力式、屏挂式等
按货架的适用性分类	通用货架、专用货架
按货架的制造材料分类	钢材货架、钢筋混凝土货架、木制货架和钢木合制货架等
按货架的封闭程度分类	敞开式货架、半封闭式货架和封闭式货架等
按货架的结构特点分类	层架、层格式货架、橱柜式货架、抽屉式货架、悬脚架、三脚架、栅架等
按货架的高度分类	低层货架,高度在 5 m 以下;中层货架,高度在 5~15 m;高层货架,高度在 15 m 以上
按货架的承重或存放模式分类	重型货架、中型货架和轻型货架;驶入式货架、流动式货架等

常用货架如图 2-1 所示。

（a）托盘式货架

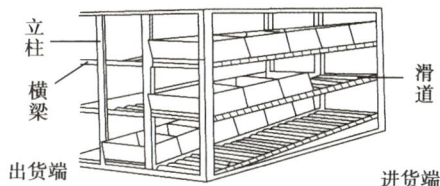

（b）重力式货架

（c）阁楼式货架

（d）悬臂式货架

（e）移动式货架

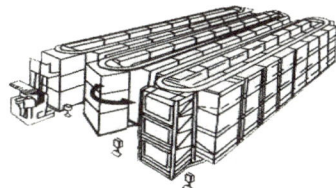

（f）旋转式货架

（g）驶入式货架

图 2-1　常用货架类型

（二）托盘

托盘是用于集装、堆放、搬运和运输单元负荷的货物和制品的水平平台装置。在平台上，仓管员集装一定数量单件货物，并按要求捆扎加固，使其组成一个集装单元，在仓储中使用机械装卸、搬运和堆存。

1.托盘的作用

①与叉车配合利用，可以大幅度地提高装卸搬运效率。

②用托盘堆码货物，可以大幅度地提高仓容利用率。

③利用托盘一贯化运输，可以大幅度地降低成本。

2.托盘的类型

托盘的具体分类情况见表2-5。托盘的类型如图2-2所示。

表2-5　托盘类型表

分类方法	类型	性能特点
按结构分	平托盘	使用范围最广、数量最多、通用性最好,几乎是托盘的代名词,平托盘由双层板或单层板另加底脚支撑构成,无上层装置,在支撑面和支撑面之间夹以纵梁,构成可使用叉车或搬运车等作业的结构
	柱式托盘	在平托盘的基础上发展起来的,其4个角有钢制立柱,柱子上端可用横梁联结,形成框架,其特点是在不压货物的情况下可码垛,多用于包装物料、棒料、管材等集装
	箱式托盘	箱式托盘是四面有侧板的托盘,有的箱体上有顶板,有的没有顶板,箱式托盘是在平托盘的基础上发展起来的,一般下部可叉装,上部可吊装,并可码垛,防护能力强,多用于散件或散状货物集装,金属箱式托盘还用于热加工车间集装热料
	轮式托盘	也称物流台车,是在箱式托盘或柱式托盘的底部装上脚轮而成的,具有能短距离移动、可自行搬运等优势,适用于企业工序间物流搬运,也可在工厂或配送中心装上货物并将其运到商店,直接作为商品货架的一部分
按材质分	木制托盘	是最传统和最普遍的托盘。由于木材价格低廉、易于加工、成品适应性强、可以维修等,被绝大多数用户所采用。但木制托盘使用寿命较短,常规使用周转次数为200~300次,其主要原因是,木材易受潮、发霉、虫蛀且无法清洗,其表面木屑脱落及无法克服的螺钉锈蚀问题
	塑料托盘	塑料托盘以PE或PP为原料,通过注塑、吹塑等工艺加工而成,塑料托盘整体性好、卫生洁净、易于冲洗消毒,在使用中具有质轻、耐腐蚀、耐酸碱、防潮防蛀、不霉变、抗冲击等特点,其使用寿命为木制托盘的3~7倍,加之废托盘材料可以回收,因此,其单次使用成本低于木制托盘
	钢制托盘	钢制托盘又称为金属托盘,主要材料为钢材或镀锌钢板,经专用设备成型,承载能力在托盘中是最强的,与木制托盘相比有环保优势,与塑料托盘相比有强度高、耐磨、可耐高温等优势,是传统木制托盘、塑料托盘的理想替代品,但钢制托盘自重较大,且价格昂贵,因此,主要适用于石油、化工等对托盘有特殊要求的领域
	纸制托盘	是采用高强度蜂窝纸心、高强度瓦楞纸与纤维板等加工制造的托盘,纸制托盘具有质量小、成本低、出口免检、环保可回收等优点,但其承重相对于其他托盘较小,防水、防潮性能较差,多为一次性托盘
	塑木复合托盘	将塑料和木质纤维按照一定比例混合后加入特定改性剂,经过高温融合后形成一定形状的型材,然后组合,制成塑木复合托盘,塑木复合托盘解决了木制托盘洁净度差、易损坏、寿命短等缺点,避免了塑料托盘刚性差、价格高、规格灵活性小,广泛适用于药业、化工、饮料、建筑等行业仓储和物流

（a）平托盘　　　　　　　　　　（b）柱式托盘

（c）箱式托盘　　　　　　　　　　（d）轮式托盘

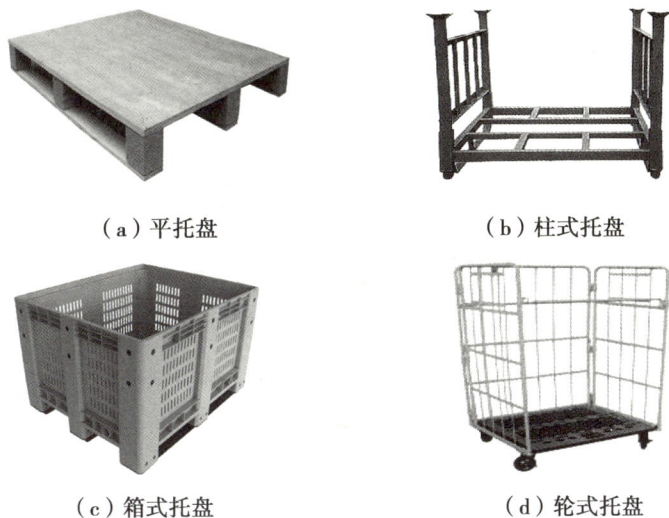

图 2-2　托盘类型

三、选择搬运与输送设备

仓管员根据入库业务需要和流程,结合搬运设备类型,合理选择搬运设备,具体的搬运设备类型主要包括平面搬运设备(如托盘搬运车)和高位搬运设备(如叉车、堆高机)等。

常用的搬运与输送设备如下:

(一)手推车

手推车以人力驱动为主,一般为不带动力(不包括自行)在路面上水平运输货物的小型搬运车辆。其特点是轻巧灵活、易操作、转弯半径小,主要包括二轮手推车[图 2-3(a)]、多轮手推车[图 2-3(b)]和物流笼车。

（a）二轮手推车　　　　　　　　　　（b）多轮手推车

图 2-3　手推车

(二)托盘搬运车

托盘搬运车是用来水平搬运托盘货物的搬运车辆。

1.手动托盘搬运车

手动托盘搬运车俗称"地牛",其结构如图 2-4 所示。

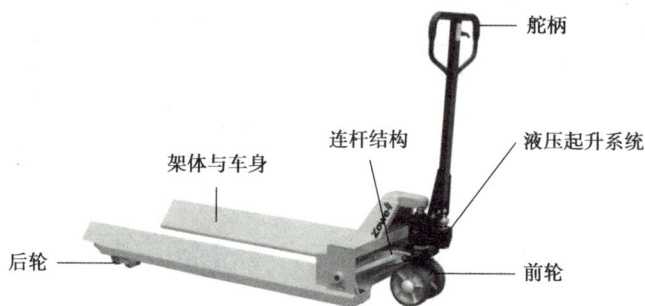

图 2-4 "地牛"结构图

2.电动托盘搬运车

电动托盘搬运车的牵引装置为大容量电瓶,可实现电动行走、电动起升,适用于重载及长时间搬运货物的情况,如图 2-5 所示。

图 2-5 电动托盘搬运车

(三)叉车

叉车又称铲车或叉式取货机,是一种用来装卸、搬运和堆码单元货物的车辆。

1.叉车的特点

①机械化程度高。

②机动灵活。

③通用性强。

④有利于托盘成组运输和集装箱运输。

2.叉车的类型

叉车的类型,见表 2-6 和图 2-6 所示。

表 2-6　叉车的类型表

分类方法	类型	性能特点
按动力分	内燃式叉车	以柴油、汽油或液化石油气为燃料,由发动机提供动力,载质量一般为 0.5～45 t
	电动式叉车	以蓄电池为动力,以直流电机驱动,其结构简单、机动灵活、环保,但动力持久性较差
	双动力叉车	同时具备内燃和电动两种动力的叉车
按功能分	平衡重式叉车	应用最广泛,动力较大,底盘较高,地面适应能力和爬坡能力较强,适宜于室外作业
	电动式叉车	起重量小、车速低、结构简单、外形小巧,但对地面要求较高,适合在狭窄的通道内工作
	前移式叉车	门架或货叉架可以前后移动,分为门架前移式叉车和货叉前移式叉车
	侧面式叉车	门架、起升结构和货叉位于车体侧面,适用于搬运长、大件货物

（a）平衡重式叉车

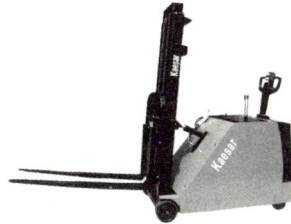

（b）电动式叉车

（c）前移式叉车

（d）侧面式叉车

图 2-6　叉车类型

（四）堆高车

堆高车指装卸、堆高、堆垛和短距离运输成件托盘货物的各种轮式搬运车,如图 2-7 所示。

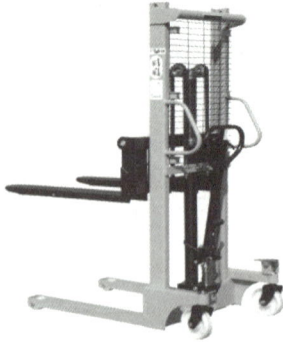

（a）手动液压堆高车　　　　　　　（b）电动堆高车

图 2-7　堆高车

（五）堆垛机

堆垛机又称堆垛起重机,指专门用于搬运、堆码货物或从高层货架上存取货物的机械。常用的堆垛机主要有桥式堆垛机和巷道堆垛机(图2-8)。

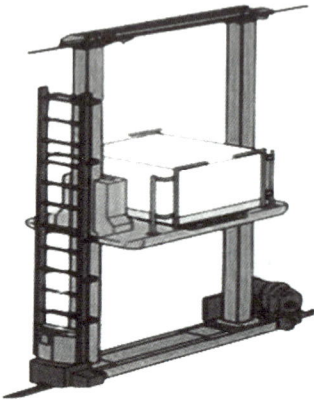

图 2-8　巷道堆垛机

图 2-9　无人搬运车

（六）无人搬运车

无人搬运车又称自动导引搬运车(Automated Guided Vehicle, AGV),如图 2-9 所示,装有自动导引装置,能够沿规定路径行驶,在车体上具有编程和停车选择装置、安全保护装置以及各种物料移载装置。

（七）输送机

1.辊道输送机

辊道输送机指利用辊子的转动来实现货物搬运的输送机。

2.带式输送机

带式输送机是一种以挠性输送带作货物承载和牵引构件的连续输送设备。

3.链式输送机

链式输送机是利用链条牵引、承载物料或由链条上安装的板条、金属网、辊道等承载物料的输送机组成,如图2-10所示。

（a）辊道输送机　　　　　　　　（b）带式输送机

图2-10　链式输送机

任务四　苫垫材料准备

◎学习目标

1.了解苫垫的目的与要求。

2.熟练掌握苫盖与垫垛材料。

3.能够合理选择苫垫材料,进行苫垫作业。

4.培养节约、绿色环保意识与素养。

5.具有高度的责任感,忠于职守。

◎任务导入

众鑫物流中心接到一份红星电器有限公司 100 台冰箱的存放订单,该物流中心根据订单内容安排存储到 C 区 07 号货位,红星电器有限公司将冰箱运到物流中心的仓库,仓库验收入库后储存管理。

◎任务要求

在货位上就地堆放 100 台冰箱需选用哪些苫垫材料?

◎任务实施

依据到货物品的特性确定货位后,要做防雨、防潮、防尘、防晒准备,即准备所需的苫垫材料。苫垫材料应根据货位位置和到货物特性合理选择。

一、明确苫垫的目的

预先准备充足的苫垫材料,堆码的同时完成苫垫工作,以提高工作效率,降低成本。

(一)垫垛的目的

①使地面平整。

②使堆垛货物与地面隔开,防止地面潮气和积水浸湿货物。

③通过强度较大的衬垫物使重物的压力分散,避免损害地坪。

④使地面杂物、尘土与货物隔开。

⑤形成垛底通风层,有利于货垛通风排湿。

⑥使货物的泄漏物留存在衬垫之内,防止流动扩散,以便于收集和处理。

(二)苫盖的目的

苫盖的目的是遮阳、避雨、挡风、防尘,使物品免受风吹、雨打、日晒、冰冻侵蚀。

苫盖材料主要包括塑料布、席子、油毡纸、铁皮、苫布及各种人工苫盖瓦等。

二、苫垫的要求

(一)垫垛的基本要求

①所使用的衬垫物与拟存货物不会发生不良影响,并具有足够的抗压强度。

②地面要平整坚实,衬垫物要摆放平整,并保持同一方向。

③衬垫物间距适当,直接接触货物的衬垫面积与货垛底面积相同,衬垫物不伸出货垛。

④高度足够,露天堆场要达到 0.3～0.5 m,库房内 0.2 m 即可。

(二)苫盖的基本要求

①选择合适的苫盖材料。选用防火、无害的安全苫盖材料;苫盖材料不影响货物;成本低廉,不易损坏,能重复使用,没有破损和霉变。

②苫盖要牢固。每张苫盖材料都牢固稳定,必要时在苫盖物外用绳索、绳网绑扎或者用重物压住,确保刮风吹不开。

③苫盖接口要紧密。苫盖接口要互相叠盖一定深度,不能迎风叠口或留空隙,苫盖必须拉挺、平整,不得折叠和凹陷,防止积水。

④苫盖的底部与垫垛齐平。不腾空或拖地,并牢固地绑扎在垫垛外侧或地面绳桩上,衬垫材料不露出垛外,以防雨水顺延渗入垛内。

⑤要注意材质和季节。若使用旧的苫盖物,在雨水丰沛季节,垛顶或者风口须加层苫盖,确保雨淋不透。

三、选择垫垛材料

在货物码垛前,在预定的地面货位位置铺垫衬垫材料。垫垛材料(图 2-11)主要用于物品免受地坪潮气侵蚀,使垛底通风透气。

常见的衬垫物包括枕木、方木、废钢轨、水泥墩、货架板、木板、钢板、芦席、防潮纸(布)等。

图 2-11　垫垛材料

四、选择苫盖材料

采用专用苫盖材料遮盖货垛,以减少自然环境中阳光、雨雪、风、尘土等对货物侵蚀、损害,并使货物由自身物理、化学性质所造成的自然损耗尽可能地减少,保护货物存储期内质量。

常用的苫盖材料包括塑料布、席子、油毡、铁皮、苫布等,如图2-12所示。

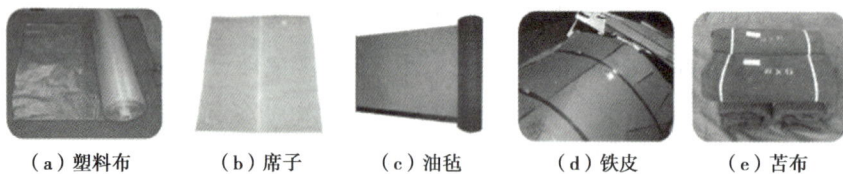

（a）塑料布　　　　（b）席子　　　　（c）油毡　　　　（d）铁皮　　　　（e）苫布

图2-12　苫盖材料

任务五 接运卸货

◎学习目标

1.了解仓库接运卸货的含义及意义。

2.掌握接运卸货的主要方式。

3.学会划清接运卸货中各方的责任界限。

4.能够处理物品接运中各种差错。

5.培养责任担当意识。

6.培养协作与沟通交流的意识与能力。

◎任务导入

2019年8月20日,众鑫仓储物流中心收到一份兴盛食品有限公司发来的入库通知单,见表2-7,850箱纯净水将抵达火车站货场,收到入库通知单后,仓库及时组织人员去火车站货场提货。在接运卸货时,6箱纯净水外包装破损,入库时,2件外包装有污渍。

表2-7 入库通知单

入库通知单				
众鑫仓储物流中心:				
根据2019001仓储合同约定,申请将下列货物存放于B区成品库,请及时做好货物接收安排,并遵照相关要求办理,具体情况如下。				
供货商	兴盛食品有限公司	送货单位	中铁货运有限公司	合同编号	2019001
联系人	王××	联系电话	××××××××××		
货物名称	兴盛纯净水	规格型号	36 cm×24 cm×25 cm		
发货地点	兰州市经济开发区第六大道20号	入库方式	火车站提货		
入库数量	850箱,每箱24瓶,每瓶500 mL				
入库时间	2019年8月23日前				
备注	堆垛限高5层,阴凉处保管,禁止倒置				
经办人	×××	审批人	×××	时间:2019-08-20	

◎任务要求

作为仓储人员,如何接运卸货?若出现上述情况,如何解决?

◎**任务实施**

物品接运。这是入库业务流程的第一道作业环节,其主要任务是向托运者或承运者办清业务交接手续,及时而准确地提取物品,将物品安全接运回库。

物品接运时,要求手续清楚、责任分明,防止把运输过程中或运输之前已经发生的物品损害和各种差错带入仓库,减少或避免经济损失,为验收和保管、保养创造良好条件。接运工作是仓库业务活动的开始,是物品入库和保管的前提,所以接运工作直接影响物品验收和入库后保管、保养,接运人员要尽职尽责、分工明确,及时、准确地完成任务。

具体流程如下:

一、熟悉交通运输部门制度与要求

由于接运工作直接与交通运输部门接触,所以须熟悉交通运输部门的要求与制度,例如,发货人与运输部门的交接关系和责任划分,铁路或航运等运输部门在运输中应尽的责任,收货人的责任,铁路或其他运输部门编制普通记录和商务记录的范围,向交通运输部门索赔的手续和必要的证件。

二、明确物品接运方式

(一)在库内接货

库内接货方式最为普遍,要做好以下几项工作。

①检查货车封闭是否良好,车门、铅封、苫盖有无异状,查看物品外观状况和捆扎情况。

②根据入库通知单核对到货品名、规格型号和标志,并仔细清点件数。

③装卸作业时,做到车号、品名、规格不混不乱,不碰坏、压伤货物,保证包装完整。

④物品运到仓库后,应由仓管员或验收人员直接与送货人员办理交接手续,当面验收并做记录。若有差错,要填写记录,送货人员签字证明,据此向有关部门提出索赔。

(二)到场站接货

零担托运和小批量运输物品时,一般采用此方法,要注意以下几个方面。

①提货人员应了解所提取物品品名、型号、特性和一般保管知识、装卸搬运注意事项等。在提货前应做接运物品准备工作,例如,准备装卸运输工具、腾出存入物品的场地等。提货人员在到货前,应主动了解到货时间和交货情况,根据到货多少,组织装卸人员、机具和车辆,按时提货。该批纯净水要到火车站货场接收,须考虑提货车辆类型和装卸人员数量。

②提货时,应根据运单以及有关资料详细核对品名、规格、数量,并要注意物品外观,查看包装、印封是否完好,有无受潮、水渍、油渍等。若有疑点或不符,应当场要求运输部门检查。短缺、损坏情况凡属铁路方面责任时,应做商务记录,其他方面责任须铁路部门证明时,应做普通记录,由铁路运输员签字,并注意记录内容与实际情况相符合。众鑫仓储物流

中心在接运卸货时发现 6 箱纯净水外包装破损,应当场要求检查并记录,相关人员签字证明。

③装卸人员要时刻注意物品的安全,严防混号、碰损、丢失等。腐蚀性、易燃、易碎和放射性物品等应严格按照有关搬运规定办理,精密仪器、仪表、贵重物品、怕潮物品、怕冻物品不宜露天卸货。若受条件所限必须露天卸货的,要采取必要的防护措施并严格管理。

④办理内部交接手续。物品到库后,随车装卸人员要将物品逐一点清,交给接货的保管员,并配合卸货,确保物品不受损。如发生数量、品质方面的问题,随车提货人员应当签名做证,不得拒签。例如,入库时发现两件物品外包装有污渍,则应现场记录,提货人员签字证明。

(三)到供货单位接货

到供货单位接货不涉及承运商,与供货单位直接对接,所以提货和验收须合并,必要时安排验收人员参与提货,当场检验质量、清点数量,并做验收记录。

到供货单位接货时,要按下列要求。

①提货人员在提货前要了解和掌握所提物品入库验收的有关要求和注意事项。当供货单位点交所提物品时,提运人员要查看物品的外观质量,点验件数和质量,并验看供货单位的质量合格证、材料码单等有关凭证。

②现场点交,办理签收手续。物品提运到库后,保管员、提运员、随车装卸工人要紧密配合,逐件清点交割。同时,核对各项凭证、资料是否相符和齐全,最后,保管员在送货单上签字,保管员收到物品后要及时组织复检。

三、划清责任界限

在交给运输部门前和承运前,物品问题应由发货单位(供货方)负责;自承运货物时起(车站从接收货物时起)至货物交付给收货单位时止,问题由承运单位负责(承运单位不负责自然火害、货物本身性质和中转单位的责任);收货单位与交通运输部门交接后,所出问题由收货单位负责。在接运中,物品问题责任不管属于哪一方,都应详细记录,划清责任界限,并以此作为处理和索赔的依据。

四、处理接运中的差错

在接运过程中,损坏、污损、混装、漏装、丢失、受潮、错发等差错,有时是发货单位造成的,有时是承运单位造成的,有时是在接运短途运输装卸中自己造成的。除了由不可抗拒的自然灾害或物品本身性质引起的以外,所有差错损失应由责任者承担。常见的几种差错与处理主要包括以下几个方面。

(一)破损

包装破损,影响物品储存保管,主要是接运前和接运中的责任。

1.接运前责任与处理

如果责任属于生产厂商、发货单位或承运单位,提运员或接运员应向承运部门索取有关事故记录,并将其交给保管员,事故记录作为向供应商或承运单位索赔的依据。

2.接运中责任与处理

如果接运过程中因装卸不当等造成破损,签收时,应写明原因、数量等,上报至仓库主管,损失一般由责任方承担。

(二)短少

短少分接运前和接运中两种情况。接运前短少时,可按上述办法处理;接运中装载不牢或无人押运导致被窃等丢失时,在签收时,应报告保卫部门,由保卫部门追查处理。

(三)变质

物品变质处理分为以下几种。

①生产或保管不善、存期过长等原因导致物品变质,如责任在供货方,可退货、换货或索赔。在签收时,保管员应详细说明数量和变质程度。

②承运中受污染、水渍等原因导致物品变质,责任在承运方。在签收时,保管员应索取有关记录,交货主处理。

③提运中,物品混放、雨淋等原因造成变质,责任是接运人员的。

(四)错到

物品错到处理分为以下几种。

①因发货方如错发、错装等导致错到,应通知发货方处理。

②因提运、接运中责任如错卸、错装等导致错到,在签收时,保管员应详细注明,并报仓库主管,仓库主管负责追查处理。

③因承运方责任,如错运、错送等导致错到,应索取承运方记录,货主交涉处理。

④对于无合同、无计划到货,应及时通知货主查询,经批准后,办理入库手续,同时,货主要及时将订货合同、到货计划送交仓库。

任务六 审核入库凭证

◎学习目标

1.熟悉入库凭证的类型。

2.掌握审核入库凭证的内容。

3.能够审核入库凭证。

4.培养协作与沟通交流的意识与能力。

5.养成处理突发事件的创新意识及谨慎细致的职业习惯。

◎任务导入

2020年8月26日,众鑫仓储物流中心收到一份兴盛食品有限公司发来的入库通知单,500箱纯净水将由顺运运输公司送达,同时,众鑫仓储物流中心还收到一份订货合同。

◎任务要求

根据上述任务,入库时,仔细核对收到的入库凭证,保证物品顺利入库。

◎任务实施

收集并整理入库凭证,具体流程如下。

一、熟悉入库凭证的类型

入库物品须具备以下凭证。

(一)货主提供的凭证

货主提供的凭证主要包括入库通知单和订货合同副本,这是仓库接收物品的凭证。

(二)供货单位提供的验收凭证

供货单位提供的验收凭证主要包括材质证明书、装箱单、磅码单、发货明细表、送货单、说明书、保修卡及合格证等。

(三)承运单位提供的运输单证

承运单位提供的运输单证主要指运单和登记货物残损情况的货运记录、普通记录以及公路运输交接单等,作为与责任方交涉的依据。

二、仔细核对凭证

整理上述凭证后全面核对。逐一核对入库通知单、订货合同、供货单位提供的所有凭证,相符后,可以进入实物检验。如果证件不齐或不符等,要与存货、供货单位及承运单位和有关业务部门及时联系,见表2-8—表2-12。

表2-8 物料入库通知单

编号:　　　　　　　　　　　　　　　　　　通知日期:____年____月____日

日期	到货日期		供货单位		收货人	
	入库日期		合同单号		储位	
	验收日期		运单号		入库单号	
物料入库详细信息						
物料编号	物料名称	计量单位	数量			质量	价格		说明

物料编号	物料名称	计量单位	交货	多交	短交	退货	实收	质量	购入	基本	说明

表2-9 送货单

表 2-10 装箱单

装 箱 单

QR-KC-S02-01

设备:BDL-Ⅲ蓄电池活化仪		
序号	品名	数量
1	主机装置	1
2	电源线	1
3	U 盘	1
4	电压采集线	1 对
5	电流采集线	1 对
6	说明书	1
7	保修卡	1
8	合格证	1
备注	上位机分析软件及说明书已保存在 U 盘里,请及时备份	

表 2-11 磅码单

磅 码 单

No.:0008451

发货单位: 收货单位: 年 月 日

货物名称		规格		计量单位		运输车号 (司机)	
序号	毛重	皮中	净重	序号	毛重	皮中	净重
				合计			

业务主管: 过磅员: 保管员:

一 存根(黑) 二 结算(红)

表 2-12　铁路货运单

铁路货运 China railway freight	△B 禁止溜放	北京铁路局 货 物 运 单 (正本)							BCHLC 0000177 零散			

需求号：077111032533

托运人	发站(局)	北郊(上)		专用线						货区			
	名称	张三 1234567***********					经办人			货位		
							手机号码	12345******		车种车号		
	□上门取货	取货地址					联系电话			取货里程(km)		
收货人	到站(局)	保定(京)		专用线						运到期限		标重
	名称	张四					经办人			施封号		
							手机号码	12345******		篷布号		
	□上门送货	送货地址					联系电话			送货里程(km)		

付费方式	☑现金　□支票　□银行卡　□预付款　□汇总支付					领货方式	□电子领货　□纸质领货		装车方		施封方	

货物名称	件数	包装	货物价格/元	质量/kg	箱型箱类	箱号	集装箱施封号	承运人确定质量/kg	体积/m²	运价号	计费质量/kg
电教仪器	100	纸箱	200000	5000				5000	5.0		5000
合计	100		200000	5000				5000	5.0		5000

选择服务	□上门装车		费目	金额(元)	税额(元)	费目	金额(元)	税额(元)
	□上门卸车		全程运费	873.48	63.12			
	☑保价运输　□装载加固材料		保价费	540.54	59.46			
	□仓储　□冷藏(保温)		印花税		0.4			
	其他服务							

增值税发票类型	受票方名称：北京铁路局 纳税人识别号：123456123123456 地址、电话：海淀区1232 ××××× 开户行及账号：工行456124 ××××××				
□普通票		费用合计	1570.0	大写：壹仟伍佰柒拾元整	
☑专用票					

托运人记事： 签章	承运人记事：　三角B禁止溜放。

收货人签章　　　　　　　车站接(交)货人签章　　　　　　制单人：北郊　　　　　　日期：2011年10月20日

第1联　发站存查联

任务七　办理交接手续

◎学习目标

　　1.熟练掌握办理物品入库交接手续的流程。

　　2.熟练运用账务处理和费用核收知识。

　　3.能够快速准确地办理物品入库手续。

　　4.能够熟练处理物品入库账务。

　　5.树立安全意识和认真负责的工作态度。

　　6.具有高度的责任感、忠于职守的职业精神。

◎任务导入

　　大众仓储物流中心采购了一批日用品,供应商已将物品送到指定地点,已做入库准备、接运卸货和入库验收,现仓库保管员小李须依据送货单办理物品入库交接手续。

◎任务要求

　　作为仓库保管员,小李如何办理这批商品的入库交接手续,使商品尽快存入仓库?

◎任务实施

　　办理交接手续指经过验收后,库管员向送货人确认收到的物品,表示物品已接收,办理完交接手续,意味着划清送货部门和仓库的责任。

　　完整的物品交接手续流程如下。

一、物品入库交接

(一)接收物品

　　仓库保管员以送货单为依据,验收,将不良物品剔出、退回或编制残损单证等,确定收到物品的确切数量、表面的良好状态。

（二）接收文件

送货人将物品资料、送货单（表2-13）、采购清单等相应文件送交仓库保管员。

表2-13 送货单

No.＿＿＿＿＿＿＿＿

送货单位：　　　　　　　　　　　　　　　　送货日期：

品名	规格	单位	数量	单价/元	金额/元	备注

送货单位：　　　　　　　　　　　　　　送货人：

收货单位：　　　　　　　　　　　　　　收货人：

（三）签署单证

在交接物品验收后，仓库保管员和送货员共同在送货人交来的送货单、交接清单（表2-14）上签署和批注。提供相应的入库、验收、残损单证、事故报告，送货人在其上签署。

表2-14 交接清单

发站	发货人	品名	标记	单位	件数	质量	车号	运单号	货位	合同号

送货人：　　　　　　　接收人：　　　　　　　经办人：

二、办理入库手续

物品交接完毕后，仓库的业务管理员填写入库单（表2-15）。完整的入库单必须具备3联：送货人联、财务联、仓库存查联。同时，附上检验记录单、磅码单、合格证、装箱单等有关资料凭证，一并移交至保管部门，以证实该批货物已验收合格并可以正式入库保管，保管员应根据入库单及时办理入库手续，包括登账、立卡和建档等。

表2-15 入库单

No._____

送货单位: 入库日期: 年 月 日 入货仓库:

物品编号	品名	规格	单位	数量	校验	实收数量	备注

会计: 仓库收货人: 制单:

本单一式三联,第一联为送货人联;第二联为财务联;第三联为仓库存查联。

(一) 登账

物品入库后,仓库应根据送货单信息,建立详细反映物品仓储的明细账,详细登记物品进库、出库、结存情况,记录库存物品的动态和出入过程。在登销账目时,必须以正式收发凭证为依据。物品保管账页,见表2-16。

表2-16 物品保管账页

时间	物品名称	物品号码	规格	计量单位	收入数量	出库数量	结存数量	单价	金额总计	存储位置

登账的主要内容包括物品名称、规格、数量、件数、累计数或结存数、存货人或提货人、批次、金额,注明货位号或运输工具、接(发)货经办人。

(二) 立卡

物品入库或上货架后将物品的名称规格、数量或出入状态等填在料卡上,称为立卡。料卡又称为货卡、货牌,插放在货架上物品下方货架支架上或摆放在货垛正面明显位置。料卡的内容见表2-17。

表 2-17　物品料卡

物品名称	
物品编号	
入库时间	
规格与等级	
单价	
收入数量	
出库数量	
结存余数	
存储位置	
备注	

(三)建档

仓库应建立所接收物品或委托人存货档案或客户档案并装订成册,形成客户单据装订清单(表 2-18),以便物品管理和与客户保持联系,也为将来可能的争议保留凭据。同时,建档有助于总结和积累仓库保管经验,研究仓储管理规律。

表 2-18　单据装订清单

客户:　　　　　　　　网点:　　　　　　单据日期:

清单号:　　　　　　　　　　　　　　编制日期:

序号	订单日期	订单号	通知单号	仓库	红冲单号	核销单号	核销类型

存货档案一物一档,将该物品入库、保管、交付的相应单证、报表、记录、作业安排、资料等原件或者附件、复制件存档。存货档案的内容主要包括以下几个方面。

①物品的各种技术资料、合格证、装箱单、质量标准、送货单、发货清单等。

②物品运输单据、普通记录、货运记录、残损记录、装载图等。

③入库通知单、检验记录、磅码单、技术检验报告。

④保管期间检查、保养作业、通风除湿、翻仓、事故等直接操作记录;存货期间温度、湿度、特殊天气记录等。

⑤出库凭证、交接签单、出货单、检查报告等。

⑥其他有关该物品仓储保管的特别文件和报告记录。

基础练习

一、单选题

1.检查商品有无潮湿、霉腐、生虫等属于(　　)。

　　A.商品外观检验　　　　　　　　B.理化检验

　　C.机械物理性能检验　　　　　　D.化学成分检验

2.物品入库登账的原则是(　　)。

　　A.一物一页　　　　B.一批一页　　　　C.同货主一页　　　　D.同期到货一页

3.当验收入库物品与入库通知单有差异时,应(　　)。

　　A.在入库通知单上批注　　　　　　B.将已验收物品存放在指定库区内

　　C.立即通知货主或代理　　　　　　D.按验收结果开立仓单

4.商品验收是检验入库物品的(　　)。

　　A.数量　　　　B.包装　　　　C.质量　　　　D.A 和 C

5.接运中自提方式的特点是(　　)。

　　A.提货与验收分开　　　　　　　　B.提货与验收同时

　　C.无须验收　　　　　　　　　　　D.以上都不是

6.验收中,凭证未到或不齐时,应该(　　)。

　　A.及时向供货单位索取　　　　　　B.先及时验收后核对单证

　　C.办理退货　　　　　　　　　　　D.向供货单位索赔

7.验收入库办理交接手续的目的是(　　)。

　　A.划分清楚各方的责任　　　　　　B.接收货物

　　C.方便入库　　　　　　　　　　　D.方便清点货物

8.(　　)是专门存放堆码在托盘上货物的货架,其承载力和每层空间适合于存放整托盘货物。

　　A.阁楼式货架　　　B.托盘式货架　　　C.移动式货架　　　D.重力式货架

9.物品入库或上架后,将物品名称、规格、数量或出入状态等内容填在料卡上,称为(　　)。

　　A.登账　　　　B.记录　　　　C.立卡　　　　D.建档

10.关于商品接运,下列说法不正确的是(　　)。

　　A.仓库接到专用线到货通知后,就确定卸车货位

　　B.凭提单到车站、码头提货时,应根据运单和有关资料认真核对商品

C.仓库接受货主委托直接到供货单位提货时,应在仓库当场验收

D.存货单位将商品直接运到仓库储存时,应由保管员直接与送货人员办交接手续

二、多选题

1.货物数量检验包括(　　)。

A.质量　　　　B.长度　　　　C.件数　　　　D.体积　　　　E.不能提货

2.仓库入库作业应该做到(　　)。

A.及时　　　　B.准确　　　　C.经济　　　　D.严格　　　　E.全面

3.货架的基本功能是(　　)。

A.便于存储规格复杂多样的货物　　　　B.保护货物

C.提高仓库空间的利用率　　　　D.减少装卸搬运的投入

4.仓库中常用的叉车包括(　　)。

A.平衡重式叉车　　B.前移式叉车　　　C.侧面叉车　　　　D.窄通道叉车

5.入库作业阶段由(　　)3个环节构成。

A.接运　　　　B.准备　　　　C.验收　　　　D.入库交接

三、判断题

1.可在车站、码头、仓库或专用线接运,因而接运可以简单分为到货和提货。提货形式下,仓库无须组织库外运输;到货形式下,仓库要组织库外运输。　　　　（　　）

2.验收记录是货主退货、换货和索赔的依据。　　　　（　　）

3.在入库时,应检验物品的数量、外观品质;在合同约定时间之内或者按照仓储惯例在入库一个月之内、国外到货两个月之内,应检验物品的内在质量。　　　　（　　）

4.在物品验收过程中,如果入库凭证不齐或不符,仓库有权拒收或暂时存放,待凭证到齐后验收入库。　　　　（　　）

5.入库通知单是仓库接收物品的主要凭证。　　　　（　　）

实训练习

掌握物品入库计划编制、分区分类存放、商品编码、入库验收、货物交接等。

某物流中心有5个库房,其中,3个库房内有货架5层、露天货场2个、简易货棚2个,主要面向市内大型超市,提供日用百货、大米、小家电等存储服务。2021年6月15日,该物流中心接到6位供货商的入库通知单。6位供货商的入库商品信息见表2-19。

表 2-19　六位供货商的入库商品信息

供货商	商品编号	商品名称	单位	入库数量	规格/（cm×cm×cm）	质量/kg
光明公司	31031101	酸奶	箱	80	65×40×30	4
	31030708	鲜奶	箱	100	65×40×30	10
井道公司	0201002	福州鱼丸	箱	60	65×40×30	10
长虹公司	0102003	长虹电视剧	台	50	65×40×30	6
特步公司	0201001	特步运动鞋	箱	80	65×40×30	12
惠啤公司	31031101	金力波瓶啤	箱	200	20×18×16	8
甘泉公司	03091705	甘泉纯净水	桶	150	20×18×16	12

实训要求：每 5 人为一组，分配角色和任务见表 2-20，分组完成物品入库计划编制、分区分类存放、商品编码、入库验收、货物交接等工作。

表 2-20　分配角色和任务

所属部门	岗位	人数/人	岗位要求
仓储部	仓储主管	1	制作单据、编制入库计划
	收货员	1	货物接运、验收及入库
	记录员	1	记录验收数据
	复核员	1	复核验收结果
供货商	送货员	1	派车、送货

项目二 在库作业

任务一 物品堆码作业

◎学习目标

1.熟悉货物堆码的原则与要求。

2.掌握常见的堆码形式。

3.能够根据物品特征及作业要求堆码。

4.熟悉堆码作业技术方法。

5.具有高度的责任感,忠于职守,具有丰富的商品作业知识。

◎任务导入

众鑫仓储中心接到胜美贸易公司的订单,计划存储某五金货物一批,已知该五金货物为木箱包装,货箱尺寸为 50 cm×20 cm×20 cm ,每箱重 30 kg。众鑫仓储中心现有 5 m×4 m 仓库货位,仓库单位面积技术定额为 3 t/m^2。

◎任务要求

请根据物品特征及作业要求合理设计,完成物品堆码作业。

◎任务实施

根据该批五金货物的形状、规格、质量及包装等,综合考虑地面负荷、储存时间,计算该批五金货物垛形的大小、占用货位面积大小。具体流程如下:

一、了解物品堆码作业

物品堆码指根据物品的包装、外形、性质、特点、种类和数量,结合季节和气候情况以及存储时间长短,将物品按照一定的规律码成各种形状的货垛。堆码的主要目的是便于维护、查点等和提高仓库利用率。

二、堆码的基本原则与要求

(一)基本原则

1.分类存放原则

分类存放是仓库保管的基本要求,是保证货物质量的重要手段。分类存放包括:不同类别货物分类存放甚至分库存放;不同规格、不同批次货物分位、分堆存放;残损货物与原货物分开放在原货堆边上;不同流向、不同经营方式货物分类分存;须分拣的货物在分拣之后分位存放。

2.整齐摆放、适当搬运活性原则

为了减少作业时间和作业次数、提高仓库周转速度,应根据货物作业的要求,合理选择货物的搬运活性。搬运活性高的货物也应摆放整齐,以免堵塞通道,浪费仓容。

3.垛形稳固、垛高适当原则

为了充分利用仓容,存放货物时,仓管员要尽可能码高,使货物占用地面面积最小,但不能超过仓库地面承载力和货物本身堆高限定,因此,垛高要适当。货物堆垛必须稳固,避免倒垛、散垛,要求叠垛整齐、放位准确,必要时,采用稳固方法,如垛边、垛头纵横交叉叠垛、使用固定物料加固等。只有在货垛稳固的情况下才能码高。

4.面向通道、不围不堵原则

面向通道包括两层含义:一是码垛存放的货物的正面尽可能面向通道,以便察看。货物的正面只标注主标志的一面;二是所有货物货垛、货位都与通道相连,处在通道旁,以便直接作业。只有在所有货位都与通道相通时,才能保证不围不堵。

(二)基本要求

1.合理

垛形必须适合商品的性能特点,不同品种、型号、规格、牌号、等级、批次、产地、单价的商品,均应分开堆垛,以便合理保管,并要合理地确定堆垛之间距离和走道宽度,便于装卸、搬运和检查。垛距一般为 0.5~0.8 m,主要通道宽度为 2.5~4 m。

2.牢固

货垛必须不偏不斜,不歪不倒,不压坏底层商品和地坪,与屋顶、梁柱、墙壁保持一定距离,确保牢固安全。

3.定量

每行每层数量力求成整数,过秤商品不成整数时,每层应该明显分隔,标明质量,这样,便于清点发货。

4.整齐

垛形有一定规格,各垛排列整齐有序,包装标志一律朝外。

5.节约

堆垛时,考虑节省货位,提高仓库利用率。

(三)堆码的五距要求

商品堆码时,货堆之间及货垛与墙、柱之间要保持一定距离,留适宜的通道,以便商品搬运、检查和养护。商品保管时,"五距"很重要。五距指顶距、灯距、墙距、柱距和垛距。

①顶距。顶距指货堆的顶部与仓库屋顶平面之间的距离。留顶距主要为了通风,货堆存储在平顶楼房时,顶距应在 50 cm 以上为宜。

②灯距。灯距指仓库里照明灯与商品之间的距离。留灯距主要是为了防止火灾,商品与灯的距离一般不应小于 50 cm。

③墙距。墙距指货垛与墙的距离。留墙距主要是防止渗水,便于通风散潮。墙距一般为 10~50 cm。

④柱距。柱距指货垛与屋柱之间的距离。留柱距是防止商品受潮和保护仓库建筑物的安全。柱距一般为 10~30 cm。

⑤垛距。垛距指货垛与货垛之间的距离。留垛距是便于通风和检查商品,库房垛距一般为 30~50 cm,货场垛距一般不小于 50 cm。

三、选择堆码的方法

(一)散堆法

用堆扬机或者铲车在确定的货位后端起,直接将物品堆高,在达到预定货垛高度时,逐步后推堆货,后端先形成立体梯形,最后成垛。由于散货具有流动性、散落性,堆货时,货物不能过于接近垛位四边,以免散落使物品超出预定货位。散堆法适用于露天存放没有包装的大宗物品,如煤炭、矿石等,也适用于少量存放谷物、碎料等散装物品。

(二)堆垛法

堆垛储存有包装(如箱、桶)的物品,包括裸装的计件物品,堆垛方式储存能够充分利用仓容,做到仓库内整齐,方便作业和保管。物品的堆码方式主要取决于物品本身的性质、形状、体积、包装等。一般情况下,多平放,使重心最低,最大接触面向下,易于堆码,稳定牢固。

常见的堆码方式包括层叠式、纵横交错式、仰俯相间式、压缝式、通风式、栽柱式、衬垫式等(图 2-13)。

1.层叠式堆码

层叠式也称直堆法,逐件、逐层向上层叠,一件压一件地堆码。为了保证货垛稳定,在一定层数后,改变方向继续向上堆放,或者长宽各减少一件继续向上堆放。该方法方便作业、计数,但稳定性较差。适用于袋装、箱装、篓筐装物品以及平板、片式物品等,如图 2-13(a)所示。由于五金货物比较重,为了保障垛堆稳固,可以选择层叠式堆码方式,采用平台垛起垛。

2.纵横交错式堆码

纵横交错式指每层物品都改变方向向上堆放。适用于管材、捆装物品、长箱装物品等。该方法较为稳定,但操作不便。

3.仰俯相间式堆码

堆码上下两面有大小差别或凹凸的物品如槽钢、钢轨等时,将物品仰放一层,然后反一面俯放一层,仰俯相向相扣。该垛极为稳定,但操作不便。

4.压缝式堆码

压缝式堆码是将底层并排摆放,上层放在下层两件物品之间。

5.通风式堆码

在堆码时,任意两件相邻的物品之间都留空隙,以便通风。层与层之间采用压缝式或者纵横交错式。通风式堆码可以用于所有箱装、桶装以及裸装物品,这种堆码方式能起到通风防潮、散湿散热作用。

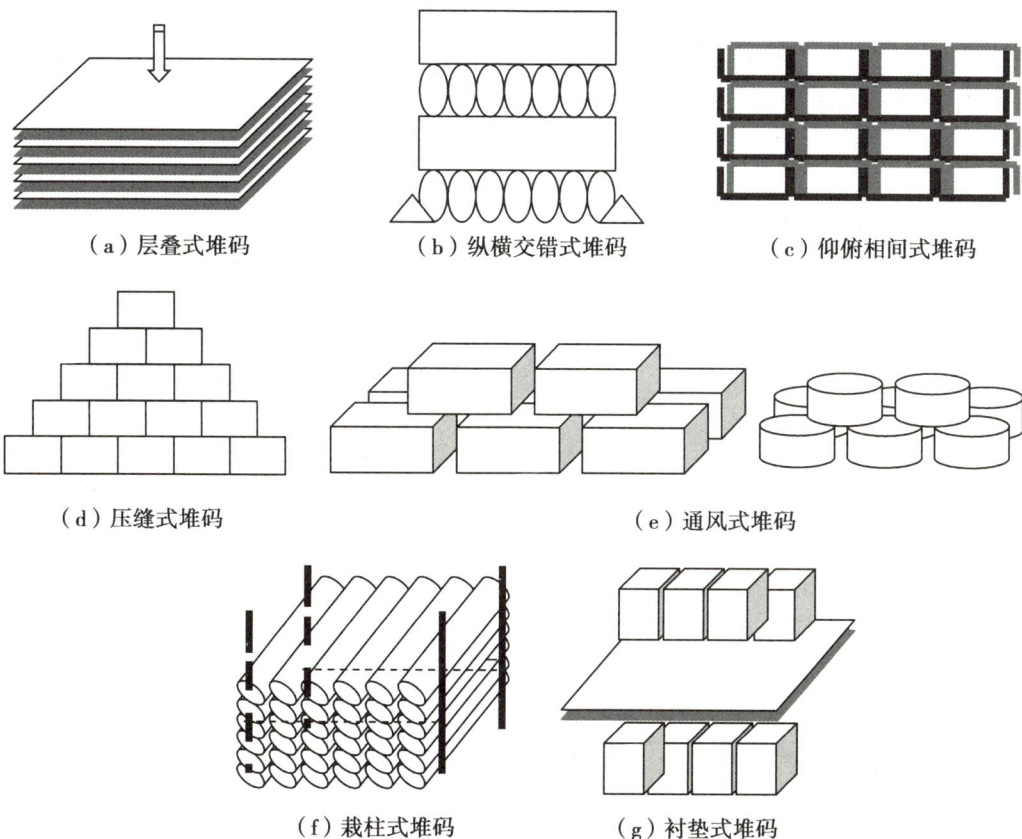

（a）层叠式堆码　（b）纵横交错式堆码　（c）仰俯相间式堆码

（d）压缝式堆码　（e）通风式堆码

（f）栽柱式堆码　（g）衬垫式堆码

图 2-13　堆码类型

6.栽柱式堆码

码放物品前,在堆垛两侧栽上木桩或者铁棒,将物品平码在桩与柱之间,码几层后,用铁丝将相对两边的柱拴连,然后往上摆放物品。此法适用于棒材、管材等长条状物品。

7.衬垫式堆码

隔层或隔几层铺放衬垫物,衬垫物平整牢靠后往上码。此法适用于不规则且较重物品,如无包装电机、水泵等。

(三)货架法堆码

货架法堆码即直接使用通用或专用货架堆码。这种方法适用于不宜堆高、需要特殊保管的小件、高值、包装脆弱或易损的货物,如小百货、小五金、医药品等,如图 2-14 所示。

图 2-14　货架法堆码

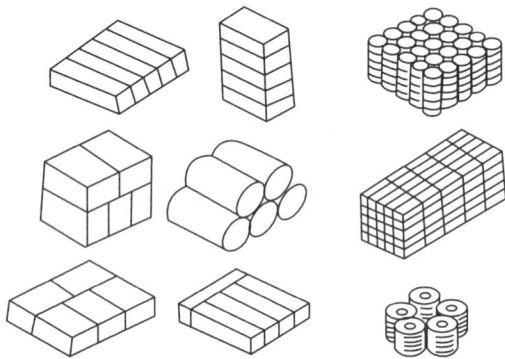

图 2-15　"五五化"堆垛

(四)成组堆码法

采取货板、塑料托盘、网格等成组工具,使货物的堆存单元扩大,一般以密集、稳固、多装为原则,同类货物组合单元应高低一致,这种方法可以提高仓容利用率,实现货物安全搬运和堆存,适合半机械化和机械化作业。可提高劳动效率,减少货损货差。

(五)"五五化"堆垛

"五五化"堆垛以五为基本计算单位,货垛堆码成各种总数为五的倍数,以五或五的倍数在固定区域内堆放,货物"五五成行、五五成方、五五成包、五五成堆、五五成层",堆放整齐,上下垂直,过目知数。便于数量控制、清点盘存,如图 2-15 所示。

四、堆码设计

为了达到堆码的基本要求,必须根据保管场所实际情况、物品本身特点、装卸搬运条件和技术作业过程要求,总体设计物品堆垛。设计内容包括垛基、垛形、货垛参数、堆码方式、货垛苫盖、货垛加固等。

(一)垛基

垛基是货垛的基础,其主要作用是承受整个货垛的重量,将物品的垂直压力传递给地基;使物品与地面隔开,防水、防潮和通风。垛基空间为搬运作业提供方便条件,因此,对垛基的基本要求是,将整垛货物的重量均匀地传递给地坪;防潮和通风;保证垛基上存放的物品不变形。

（二）垛形

垛形指货垛的外部轮廓形状。按货垛底部平面形状可以分为矩形、正方形、三角形、圆形、环形等。按货垛立面的形状可以分为矩形、三角形、梯形、正方形、半圆形,另外,还可组成矩形-三角形、矩形-梯形、矩形-半圆形等复合形状,如图2-16所示。

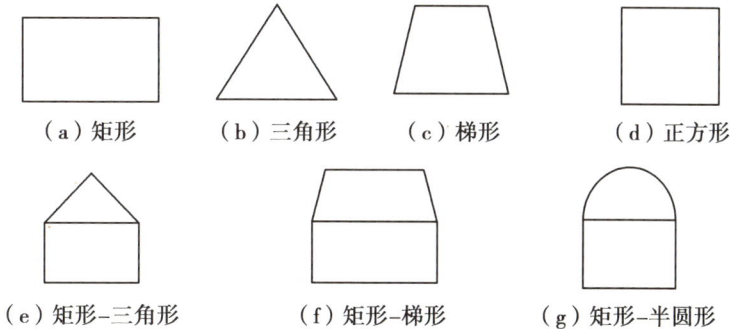

（a）矩形　（b）三角形　（c）梯形　（d）正方形

（e）矩形-三角形　（f）矩形-梯形　（g）矩形-半圆形

图2-16　部分垛形图

不同垛形的货垛都有各自的特点。矩形、正方形垛易于堆码,便于盘点计数,库容整齐,但随着堆码高度增加,货垛稳定性就会降低。梯形、三角形和半圆形垛的稳定性高,便于苫盖,但不便于盘点计数,也不利于仓库空间利用。矩形-三角形等复合货垛恰好可以整合前两者的优势,在露天存放的情况下尤其必须加以考虑。

（三）货垛参数

货垛参数指货垛的长、宽、高,即货垛的外形尺寸。

通常情况下,须首先确定货垛的长度。长形材料的尺寸长度就是其货垛的长度,包装成件物品的垛长应为包装长度或宽度的整数倍。货垛宽度应根据库存物品的性质、要求的保管条件、搬运方式、数量多少以及收发制度等确定,多以两个或五个单位包装为货垛宽度。货垛高度主要根据库房高度、地坪承载能力、物品本身及包装物的耐压能力、装卸搬运设备的类型和技术性能以及物品的理化性质等来确定。在条件允许的情况下,应尽量提高货垛的高度,以提高仓库的空间利用率。

胜美贸易公司发运来一批某五金货物,已知该五金货物为木箱包装,堆码时,将五金货物箱平行排列,在堆码过程中按先远后近原则,将底层五金货物堆码整齐,箱与箱之间不留空隙。由于五金货物比较重,为了保障垛形稳固,可以选择重叠式堆垛,逐层堆码,层与层之间货物箱平行,箱的四个角边重叠,方向相同,直到堆码完成。

任务二 物品苫垫作业

◎ 学习目标

1. 了解垫垛、苫盖的基本概念和目的。

2. 熟悉垫垛、苫盖的基本要求。

3. 能根据物品性质正确垫垛。

4. 能根据垛形适当苫盖。

5. 具有高度的责任感,忠于职守,具有丰富的商品作业知识。

◎ 任务导入

30 t 重设备的衬垫方案设计

某仓库内要存放一台自重 30 t 的设备,该设备底架为两条 2 m×0.2 m 的钢架。该仓库地坪承载能力为 3 t/m²。

◎ 任务要求

是否需垫垛?如何采用 2 m×1.5 m、自重 0.5 t 的钢板垫垛?采用何种苫盖技术苫盖?

◎ 任务实施

一、垫垛技术

在物品码垛前,在预定货位地面位置,使用衬垫材料铺垫。

(一)垫垛的目的

① 使地面平整。

② 使堆垛物品与地面隔开,防止地面潮气和积水浸湿物品。

③ 通过强度较大的衬垫物使重物的压力分散,避免损害地坪。

④ 使地面杂物、尘土与物品隔开。

⑤ 形成垛底通风层,有利于货垛通风排湿。

⑥ 使物品的泄漏物留存在衬垫之内,防止流动扩散,以便于收集和处理。

(二)垫垛的基本要求

在露天货场垫垛时,首先,应把地面整平夯实;其次,摆放垫墩,垫墩之间可视具体情况留一定间距,必要时可在垫墩上铺一层防潮纸;最后,放置储存物品。

在库房和货棚内,要根据地坪和物品防潮要求垫垛,一般水泥地坪只需垫一层垫墩。

有的物品可不垫,只铺一层防潮纸;有的库房地坪做了防潮层,可不垫垛。

(三)垫垛物数量确定

$$n=\frac{Q_{\mathrm{m}}}{l \times w \times q-Q_{\text{自}}}$$

式中　Q_{m}——货物重量;

　　　l——衬垫物长度;

　　　w——衬垫物宽度;

　　　q——仓库地坪承载能力;

　　　$Q_{\text{自}}$——衬垫物自重。

结合导入案例,物品对地面的压强为

$$\frac{30}{2\times2\times0.2}=37.5(\,\mathrm{t/m^2}\,)$$

因为 37.5 $\mathrm{t/m^2}$ 大于仓库地坪承载能力,所以必须垫垛。

根据公式

$$n=\frac{Q_{\mathrm{m}}}{l \times w \times q-Q_{\text{自}}}=\frac{30}{2\times1.5\times3-0.5}=3.53\approx4$$

计算结果知,需使用 4 块钢板衬垫,将 4 块钢板平铺展开,设备的每条支架分别均匀地压在两块钢板上。

二、苫盖技术

物品苫盖技术指用某种材料对货垛苫盖和铺垫的操作和方法。

(一)苫盖的目的

为了防止商品直接受到风吹、雨打、日晒、冰冻侵蚀,存放在露天的商品一般都要苫盖,因此,在堆垛时,必须叠堆商品成易苫盖的垛形,如屋脊形、方形等,并选择适宜的苫盖物。

(二)苫盖的要求

①选择合适的苫盖材料。

②苫盖要牢固。

③苫盖接口要紧密。

④苫盖物的底部与垫垛平齐,不远离,不拖地。

(三)苫盖的方法

1.就垛苫盖法

就垛苫盖法又称为垛形苫盖法,指根据货垛的形状适当苫盖,适用于屋脊形、方形货垛及大件包装商品,如图 2-17(a)所示。

2.鱼鳞式苫盖法

将苫盖材料从货垛的底部开始,自下而上呈鱼鳞式逐层交叠围盖。该法一般采用面积较小的席、瓦等材料。鱼鳞式苫盖法通风条件较好,但每件苫盖材料都须固定,操作比较烦琐复杂,如图2-17(b)所示。

3.人字苫盖法

用预制的苫盖骨架与苫叶合装而成的简易棚架,但不需要基础工程,可随时拆卸和人力移动,如图2-17(c)所示。

4.隔离苫盖法

苫盖物不直接摆放在货垛上,而采用隔离物,使苫盖物与货垛间留有一定空隙。隔离物可用竹竿、木条、钢筋、钢管、隔离板等。此法的优点是利于排水、通风,如图2-17(d)所示。

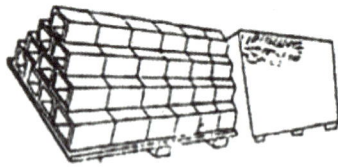
（a）就垛苫盖法

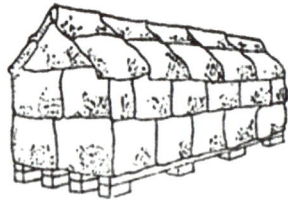
（b）鱼鳞式苫盖法

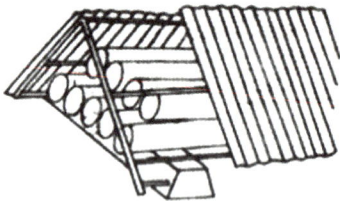
（c）人字苫盖法

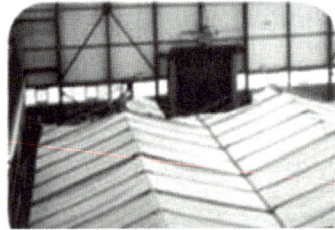
（d）隔离苫盖法

图2-17　苫盖方法

任务三　商品霉腐防治

◎学习目标

1.熟悉不同储存物品的物理、化学性质。

2.掌握常见的防霉腐方法。

3.学会正确使用防霉腐方法,养护仓储物品。

4.树立安全养护意识、爱护物品意识。

5.具有高度的责任感,忠于职守,具有丰富的商品作业知识。

◎任务导入

在每月例行库存盘点时,众鑫仓储中心发现部分物品虽然保质期未到,但已经霉变。得知此事后,仓库主管安排仓管员赵某对仓库进行检查和防护,以防其他物品受损。

◎任务要求

结合物品性质,防治仓储物品霉腐,在充分考虑物品安全的前提下,采取防治措施。

◎任务实施

物品霉腐是指物品在储存期间由于受到某些微生物作用所引起的霉变、腐烂等品质变化现象。在高温、高湿的环境中,大多数物品都可能霉腐。

一、明确霉腐物品的类型

糖类、蛋白质、油脂和有机酸等物质是微生物生长、繁殖所必需的营养物质,因此,在适宜生长、繁殖的环境下,微生物将在含有这些营养物质的物品上迅速生长、繁殖,导致商品霉变。常见的易霉腐的物品有:含纤维素较多的物品,如棉麻织品、纸张及其制品、部分橡胶、塑料和化纤制品等;含蛋白质较多的非食品物品,如丝毛织品、毛皮及皮革制品等;含蛋白质较多的食品物品,如肉、鱼丸及乳制品等;含多种有机物质的物品,如水果、蔬菜、干果、干菜、卷烟、茶叶、罐头及含精较多的食品等;含淀粉的物品,如淀粉糨糊、用淀粉浆料制成的棉纱、线布、鞋帽、纸制品等,见表2-21。

表 2-21　常见易霉腐物品表

食品	饼干、糕点、食糖、罐头、鲜蛋、肉类、鱼类等
药品	各类糖浆、蜜丸、以葡萄糖等溶液为主的针剂、以动物胶为主的膏药、以淀粉为主的片剂和粉剂等
纺织品	棉、毛、麻、丝等天然纤维及其各种制品
工艺品	竹、木、麻、草制品、绢画、绢花、绒绣和核雕等
皮革品	各种皮鞋、皮靴、皮包、皮衣、皮箱、皮带等
日用品	各种化妆品等

二、明确霉腐发生环境和过程

在物品上,霉腐微生物不断从物品中吸取营养和排出废物,在其大量繁殖的同时,物品逐渐被分解、破坏,所以说霉腐微生物在物品上物质代谢的过程就是物品霉腐的过程。物品霉腐一般经过受潮、发热、霉变和腐烂 4 个环节。

三、物品霉腐的环境条件

物品霉腐与物品的生产、包装、运输、储存过程中许多环境因素影响有关,如环境湿度、环境温度、空气、化学因素、辐射、压力等。

1.物品的组成成分对物品霉腐的影响

物品霉腐是霉腐微生物在物品上生长、繁殖的结果,不同霉腐微生物生长繁殖所需的营养结构不同,但都必须有一定比例的碳、氮、水、能量来源,以构成一定培养基础。不同被包装的物品含不同比例有机物和无机物,能够提供给霉腐微生物的碳、氮源以及水分、能量不同。一些菌体能够正常生长、繁殖,而一些霉菌则不适应而生长受到抑制,故物品受到霉腐的形式、程度都不同。所以不同组成成分的物品对物品霉腐的影响是起决定性作用的。

2.物品霉腐的外界因素

霉腐微生物从物品中获得一定营养物质,但要繁殖生长还需要适宜的外界条件。

①环境湿度和物品的含水量是霉腐微生物生长繁殖的关键。霉腐微生物通过一系列生物化学反应来完成其物质代谢,这一过程必须有水参与。

当含水量超过其安全水分时,物品就容易霉腐,相对湿度越大,则越易霉腐。各类常见的物品霉腐的相对湿度条件见表 2-25,因此,要求物品安全水分控制在 12% 之内,环境相对湿度控制在 75% 以下。

②霉腐微生物因种类不同,对温度的要求也不同,但温度对微生物的生长、繁殖有着重要的作用。霉菌为腐生微生物,生长温度范围较宽,为 10~45 ℃,属于嗜温微生物,温度对霉菌最主要的影响是对菌体内各种酶的作用,温度高低影响酶的活性。

③空气影响霉菌的生长、繁殖。还须有足够、适量的氧气,在霉腐微生物的分解代谢过

程中(或呼吸作用),微生物都须利用分子状态的氧或体内氧来分解有机物并使之变成二氧化碳、水和能量。

④化学因素。化学物质对微生物有 3 种作用:一是作为营养物质;二是抑制代谢活动;三是破坏菌体结构或破坏代谢机制。不同化学物质对菌体的影响不同,化学物质主要包括酸类、碱类、盐类化合物、氧化物、有机化合物以及糖类化合物等。

⑤其他因素。除以上几种主要的影响因素外,在贮存、流通过程中,物品还会受到紫外线、辐射、微波、电磁振荡以及压力等其他几种因素作用,这些因素都将影响霉腐微生物的生命活动,间接导致物品霉变和腐烂。

四、仓储物品霉腐预防

仓储物品霉腐预防就是针对物品霉腐发生的原因采取的有效措施。主要针对物品霉腐的外因采取措施,以达到预防霉腐的效果。

仓储物品霉腐的防治方针:以防为主,防治结合。

(一)加强仓储管理

加强仓储管理是预防霉腐的重要措施,关键是尽量减少霉腐微生物对物品的污染和控制,破坏霉腐微生物繁殖生长的条件。主要应做到以下几个方面。

①加强物品入库验收工作。保证入库商品是未受霉腐微生物污染的物品。

②为易发生霉腐的物品选择合适的存储场所。

③坚持在库检查,控制仓储温湿度。

④日常清洁。

⑤合理堆码,下垫隔潮,物品密封。

(二)化学药剂防霉腐

1.常用的防霉剂

常用的防霉剂有百菌清、多菌灵、灭菌丹、菌霉净、苯甲酸及其钠盐、山梨酸及其钾盐等。苯甲酸及其钠盐、山梨酸及其钾盐是国家标准规定的食品防腐剂;托布津对水果、蔬菜有明显的防腐保鲜作用;水杨酰苯胺及五氯酚钠等对各类日用工业品及纺织品、服装鞋帽等有防腐作用。

2.使用化学药剂防霉腐的方法

①可将防霉剂制成溶液,喷洒或涂布在产品表面。

②将产品浸泡在一定浓度的防霉腐溶液中。

③可在生产包装材料时添加防霉剂,然后用这种防霉包装材料包装产品或者将一定比例防霉腐药剂直接加到制品中。

④将挥发性防霉腐剂(如多聚甲醛、环氧乙烷)包成小包,密封于商品包装袋中,防霉腐剂挥发,防止商品霉腐,这种方法又称为气相防霉腐。

（三）气调防霉腐

气调防霉腐是根据好氧微生物需氧代谢特性,改变密封环境气体组成成分。

当空间中二氧化碳浓度为10%~14%时,霉菌被抑制,若二氧化碳浓度超过40%,可杀死多数霉菌;甲酸及其钠盐对食品防腐;托布津对水果、蔬菜防腐保鲜;水杨酰苯胺及五氯酚钠对各类日用工业品及纺织品、服装鞋帽等有防腐作用。

气调防霉腐方法有密封和降氧法(人工降氧法和自然降氧法)。

（四）低温防霉腐

在长期保管含水量大、易霉腐的生物性物品如鲜肉、鲜鱼、水果、蔬菜等时,多采用低温防霉腐法。

1.冷却储藏(冷藏)

储藏温度一般在食品冰点以上。由于10 ℃以下引起食品变质的嗜温微生物难以繁殖,所以一般冷藏温度为0~10 ℃。

2.冷冻储藏(冻藏)

食品先在低于冰点以下环境冻结,然后在高于冻结温度的低温条件下储藏。食品冷冻温度和冷冻速度,与冷冻食品的品质关系极大。通常包括缓冻和速冻两种方法。

（五）干燥防霉腐

减少仓库环境和物品本身水分,使霉腐微生物得不到生长繁殖所需水分,从而达到防霉腐目的。

采用晒干或红外线干燥等方法对粮食、食品等干燥保藏是最常见的防霉腐方法。

在密封条件下,用石灰、无水氯化钙、五氧化二磷、浓硫酸、氢氧化钾或硅胶等吸湿,也可达到食品、药品和器材等长期防霉腐的目的。

（六）加热灭菌防霉腐

1.高温灭菌法

一般在100~120 ℃之间,加热时间为30 min至几小时(随食品原料不同而不同)。此法多用于罐头和蒸煮袋装食品。

2.巴氏杀菌法

巴氏杀菌法又称为低温消毒法或冷杀菌法,是一种利用较低的温度既可杀死病菌又能保持物品中的营养物质风味不变的消毒法,常常被广义地用于定义需要杀死各种病原菌的热处理方法。

巴氏杀菌是将混合原料加热至68~70 ℃,并保持此温度30 min以后急速冷却到4~5 ℃。因为一般细菌的致死点均为温度68 ℃与实践30 min以下,所以将混合原料经此法处理后,可杀灭其中的致病性细菌和绝大多数非致病性细菌;混合原料加热后突然冷却,急剧的热与冷编号也可以促使细菌的死亡。

（七）腌渍防霉腐

腌渍防霉腐主要利用食盐或食糖溶液产生的高渗透压和低水分活度或通过微生物正常发酵降低环境的 pH 值,抑制有害微生物生长、繁殖,进而防霉腐。

1.盐腌储藏法

盐腌储藏法就是利用食盐的防腐作用来储藏食品的一种方法。食盐溶液渗透压很高,可使微生物细胞强烈脱水,微生物细胞质壁分离,生理代谢活动受到抑制,乃至生长停止或死亡。食盐溶液还具有较低的水分子活度,不利于微生物生长。

2.糖渍储藏法

食糖具有很强吸水性,在水中溶解度很大,可使其溶液的水分子活度降至 0.85 以下,并能使其溶液渗透压很高。高渗透压可导致微生物质壁分离,抑制微生物生长、繁殖。糖渍食品的加糖量一般需要达到 65% 以上才能较好地储藏。

3.酸渍储藏法

食品发酵自行产生有机酸或人为加入有机酸,可降低环境 pH 值,抑制微生物生长、繁殖。微生物生长、繁殖都需要适宜的 pH 值。在中性偏碱性环境中,细菌适宜生存,在微酸性环境中,酵母菌和霉菌则适宜生存。

（八）辐射防霉腐

主要利用穿透力极强的射线照射食品,杀灭食品中的微生物,破坏酶,抑制鲜活食品的生理活动,从而达到防霉腐目的。主要包括电离辐射防霉腐、微波辐射防霉腐、紫外线照射防霉腐和远红外辐射防霉腐。

五、霉腐物品救治

（一）晾晒降水

利用日光热能和流动的干燥空气,将物品过量水分蒸发散湿。包括日晒和摊晾两种方式。

（二）烧烤降水

在缺乏通风和晾晒条件或晾晒会影响物品质量、晾晒不能除灭内部微生物时,可烧烤降水、散湿或抑菌。适用于卷烟、茶叶、某些干果、纺织品等。

（三）物理机械除霉

日用工业品长霉后,经晾晒或烧烤,可选距离仓库较远处,刷去物品表面的霉体;不能干燥、刷霉的物品可采用清水淘洗方法。

（四）药物熏蒸灭菌

在密封条件下,一般利用易挥发并能产生毒杀气体的药剂来杀灭微生物。目前,常用的熏蒸剂主要有溴甲烷、环氧乙烷等。

(五) 去霉斑

棉、麻、丝、毛织品、皮革制品等物品生霉时,处理方法如下。

仓管员赵某如何养护仓库物品、防止其他物品发生霉变? 具体步骤如下:

第一步:检查在库物品。

由于仓库中出现了霉变的物品,因此,仓管员赵某应立即检查仓库中的物品,为了了解和掌握物品在保管过程中的质量变化情况,重点检查以下物品。

①入库时已发现问题的物品。

②性能不稳定或不够熟悉的物品。

③已有轻微异状、尚未处理的物品。

④储存时间较长的物品。

检查完毕后,填写"仓库日常检查记录表",见表2-22。

表 2-22　仓库日常检查记录表

序号	检查项目	月　日 星期一	月　日 星期二	月　日 星期三	月　日 星期四	月　日 星期五	月　日 星期六	月　日 星期日
1	库房清洁							
2	作业通道							
3	物品状态							
4	库房温度							
5	相对湿度							
6	库房照明							
7	用具管理							
8	托盘维护							
9	消防通道							
10	消防设备							
11	库房门窗							
12	防盗措施							
13	标志标识							
14	员工出勤							
15	安全防护							
	检查人签字							

当物品有异常情况时,要认真填写"物品异常情况表",见表2-23,并及时向仓库主管汇报,正确处理,使物品损失降到最小。

表 2-23　物品异常情况表

时间：　　年　　月　　日

序号	物品编码	物品名称	异常情况	处理结果
1				
2				
3				
4				
5				
6				

第二步：测量并控制仓库的温湿度。

首先，由于一些物品已经霉腐，因此，仓管员赵某需测量并控制仓库的温湿度。测定空气温湿度通常使用干湿球温度表。

库内操作：干湿表应安置在空气流通、不受阳光照射的地方，不要挂在墙上，挂置高度为 1.5 m 左右，与人眼平。每日必须定时观测、记录库内温湿度，一般在上午 8~10 时、下午 2~4 时各观测一次。要妥善保存记录资料，定期分析，找出规律，以便掌握物品保管的主动权。

库外操作：设置干湿表，为避免阳光、雨水、灰尘侵袭，应将干湿表放在百叶箱内。百叶箱中温度表的球部离地面高度为 2 m，百叶箱的门应朝北安放，以防观察时温度表受阳光直接照射。箱内应保持清洁，不放杂物，以免空气不流通。

根据温度变化情况，开启仓库内空调来调节温度。在存放液体容易泄漏的地方，多放一些干燥剂。仓库温湿度记录表，见表 2-24。

表 2-24　仓库温湿度记录表

库号：　　　　　　　储存物品：

时间	天气	上　午					下　午					备注
		温度/℃		湿度/%		调节措施	温度/℃		湿度/%		调节措施	
		库内	库外	库内	库外		库内	库外	库内	库外		

接着采用科学的方法控制与调节仓库的温湿度，具体包括通风、密封、吸潮。密封、通

风与吸潮相结合是控制和调节库内温湿度行之有效的办法,可以防潮、防霉、防热、防溶化、防干裂、防冻、防锈蚀、防虫等。

在保管物品时,要了解物品的存放温湿度控制,部分物品的安全温度和安全相对湿度见表2-25。

表2-25 部分物品的安全温度和安全相对湿度表

物品名称	安全温度/℃	安全相对湿度/%	物品名称	安全温度/℃	安全相对湿度/%
金属制品	5~30	75以下	仪表电器	10~30	70
玻璃制品	35以下	80以下	汽油、煤油	30以下	75以下
橡胶制品	25以下	80以下	树脂、油漆	0~30	75以下
皮革制品	5~15	60~75	卷烟	25以下	55~70
塑料制品	5~30	50~70	食糖	30以下	70以下
棉织品	20~25	55~65	干电池	−5~25	80以下
纸制品	35以下	75以下	洗衣粉	35以下	75以下

第三步:防治物品霉腐。

由于一些物品已经霉变,并且检查发现一些可能霉变,因此,仓管员赵某积极采取仓库防水措施,防止物品受潮或受水浸泡,须检查的项目具体见表2-26。

表2-26 仓库防水检查一览表

序号	检查项目	具体检查内容
1	地面	是否积水,供水管道是否漏水,下水管道是否堵塞等
2	墙壁	墙壁防水材料是否脱落,墙壁是否出现水珠
3	顶棚	顶棚防水漆是否脱落,防雨布是否破损,顶棚是否有漏洞等

仓管员赵某重点统计了仓库内容易发生霉变的物品,如食品、药品、皮革品等,将这些物品重点储存在通风、透气的货位上。

任务四　金属及其制品锈蚀防治

◎学习目标

1.了解金属制品锈蚀的基本概念。

2.掌握金属制品防锈和除锈方法。

3.能运用正确的方法防治金属制品锈蚀。

4.培养学生的责任意识和安全意识。

◎任务导入

2013年,我国工程院院士柯伟做了这样一件事,他编纂了一部《中国腐蚀调查报告》。这部报告对我国由腐蚀而造成的经济损失进行了系统的统计,相当于给腐蚀损耗算了一笔细账。这笔账涉及各行各业,包括身边所有的金属。柯伟院士得到了一个非常重要的结论:我国每年由腐蚀所造成的经济损失,占国民生产总值的5%左右。这是什么样的一个数字呢? 我们以2008年这一年为例。这一年的国民生产总值是一个很长的数字,以至于我们无法读出来。其中,腐蚀所造成的经济损失,可以用这个数字乘以5%,最终得到的金额是1.6万亿元人民币。同样在2008年,我国汶川地区发生了5·12大地震,这个地震震惊了世界,震级达到了8.0级。地震造成的经济损失高达8 000亿元人民币。对比前面的数字,不难发现,我国每年由腐蚀造成的经济损失,相当于两个汶川大地震。

◎任务要求

在充分考虑库存物品质量安全的前提下,采取防锈除锈措施。

◎任务实施

一、锈蚀的概念

锈蚀指在环境介质下金属制品表面发生化学与电化学作用而遭受破坏的现象。金属锈蚀,不仅影响商品外观质量,造成商品陈旧,同时,会使其机械强度下降,降低使用价值,甚至报废。例如,各种刀具表面常因锈蚀形成斑点、凹陷,以至于难以平整和保持锋利;精密器具只要有轻微锈蚀都可能影响精确度。金属锈蚀的种类如下:

1.化学锈蚀

在干燥的环境中或非电解质条件下,金属制品遇到空气中氧而引起的氧化反应。例如,化工厂里氯气与铁反应生成氯化亚铁:$Cl_2 + Fe \longrightarrow FeCl_2$。化学腐蚀原理比较简单,属于一般氧化还原反应。

2.电化学锈蚀

与电解质溶液接触时,不纯的金属会发生原电池反应,比较活泼的金属失去电子而被氧化,这种腐蚀叫作电化学腐蚀。

二、金属及其制品防锈

金属防锈蚀就是防止金属与周围介质发生化学作用或电化学作用而免受破坏。在仓储中,为改善仓储条件,要控制环境温度、湿度和空气中腐蚀性气体含量,还可以用表面涂防锈油、气相缓蚀剂、可剥性塑料、干燥空气封存等方法。几种主要防锈方法如下:

(一)控制和改善储存条件

保管金属制品时,应选择适宜场所,使库房相对湿度小于70%,干燥、通风、清洁,并且妥善存放、堆垛和苫盖,保持材料防护层或包装完整等。

(二)涂油防锈

在金属表面涂刷一层油脂薄膜,使商品在一定程度上与大气隔离开来,达到防锈目的。这种方法省时、省力、节约、方便且防锈性能较好。一般按垛、按包装或按件涂油密封。涂油前,必须清除金属表面灰尘、污垢,涂油后,要及时包装封存。常用的防锈油脂包括防锈油、凡士林、黄蜡油、机油等。

(三)气相防锈

利用挥发性缓蚀剂在金属制品周围挥发出缓蚀气体,阻隔腐蚀介质,以达到防锈目的。常用的气相防锈包括气相防锈纸防锈、粉末法气相防锈、溶液法气相防锈。不同金属应选择适当挥发性缓蚀剂。

(四)可剥性塑料封存

以树脂为基础原料,加入矿物油、增塑剂、缓蚀剂、稳定剂以及防霉剂等,加热熔解后制成。将这种塑料液喷涂于金属制品表面,能形成可以剥脱的特殊的塑料薄膜,像给金属制品穿上一件密不透风的外衣,起阻隔腐蚀性介质的作用,达到防锈目的。可剥性塑料按组成和性质不同,可分为热熔型和溶剂型两种。

三、金属及其制品除锈

金属商品养护以预防为主,不主张金属商品生锈后除锈,因为金属商品一旦生锈就损失,特别是精度较高的商品,而且除锈往往比防锈花费更多人力、物力。但是,在进入储存环节前或经过一段时间储存之后,商品常常锈蚀,这时,为了防止继续锈蚀,必须处理生锈的金属制品。

(一)手工除锈法

手工除锈是一种最原始的除锈方法,俗称"拷铲",即用敲锈锤敲除厚的锈蚀物,用刮刀铲除薄的锈层。手工除锈的除锈效率和质量低下,操作环境恶劣,劳动强度大,一般只能除去疏松的铁锈和失效旧涂层,不能除去所有氧化皮。

另外,手工除锈工艺简单,费用低廉,适用于小面积,如室外设备、管路外壁、栅栏,特别是工业厂房、钢结构等无法机械除锈的部件。

手工除锈时,可以借用一些小型机械工具。小型机械工具主要指以电(多为220 V)或高压空气(0.4~0.6 MPa)为动力的小型电动或风动除锈工具。小型机械工具除锈的效率比普通手工除锈高很多,是手工除锈效率的4~6倍。

(二)机械法

机械除锈(包括喷砂、喷丸、高压喷射等)是广泛采用的较为有效的除锈方法,特别在大型结构、设备涂装前处理时,机械除锈效果好、效率高。

(三)化学浸泡法

将金属工件浸泡在相应除锈溶液中,溶液中酸、碱等化学物质与工件表面氧化皮及锈蚀产物等发生化学反应,氧化皮及锈蚀产物等溶解于溶液中,从而达到除锈目的。

化学浸泡法是小型工件常用的除锈方法,除锈速度快、效果明显,尤其可以除去一些形状复杂零件的内孔、内腔等死角处的锈蚀。化学浸泡法要将工件浸泡在溶液中,因此,不能够采用这种方法除去一些大型结构、设备的锈。

在用化学浸泡法除锈时,应该注意根据不同材料如钢铁、铝合金、铜合金、镁合金等选择合适的除锈溶液,甚至同一类材料,合金元素不同,其除锈溶液的组成也不同。另外,为了防止金属材料基体过腐蚀,往往需要添加一定种类及含量的缓蚀剂至除锈溶液中。

(四)化学浸泡加超声波法

在用化学浸泡法除锈时,如果同时引入超声波,那么除锈的速度与效果能够得到提高。超声波振荡机械能使除锈液中产生无数小气泡,这些小气泡在形成、生长和闭合时会产生强大的机械力,使工件表面氧化皮、锈蚀污垢迅速脱离,从而加速除锈过程,使除锈更彻底。

处理形状复杂和有微孔、盲孔、窄缝以及对除锈要求高的零件时,加超声波除锈更为有效。复杂小零件可采用高频率、低振幅的超声波;表面较大的零件则使用频率较低(15~30 kHz)的超声波。

(五)电化学法

在用化学浸泡法除锈时,如果同时加入电流,同样能够提高除锈的速度与效果。借助于直流电(也可以用交流电),金属工件既可以在阳极上加工,也可以在阴极上加工。如果采用电化学除锈,电极上,当金属工件作为阳极时,借助金属的电化学和化学溶解以及金属上析出的氧气泡的机械剥离作用除去氧化皮;当金属工件作为阴极时,借助猛烈析出的氢氧化物还原和机械剥落作用除去氧化皮。

任务五　物品老化防治

◎ **学习目标**

1.了解物品老化的基本概念及物品类型。

2.掌握物品老化的防治方法。

3.能结合物品类型、运用正确方法防治物品老化。

4.培养学生的责任意识和安全意识。

◎ **任务导入**

1986年1月28日上午11时39分,在美国佛罗里达州上空,挑战者号航天飞机升空后,其后侧固体火箭助推器的O形环密封圈失效,外部燃料航段在泄漏出的火焰高温烧灼下结构失效,在空气阻力的作用下,高速飞行中的航天飞机于发射73 s后解体,机上7名宇航员全部罹难。

◎ **任务要求**

在充分考虑库存物品质量安全的前提下,采取防老化措施。

◎ **任务实施**

一、物品老化的概念

在加工、贮存和使用过程中,由于受内外因素综合作用,高分子材料性能逐渐变差,以致丧失使用价值。

老化是一种不可逆变化,它是高分子材料的通病。但人们可以研究高分子的老化过程,采取适当的防老化措施,提高材料的耐老化性能,延缓老化速率,以达到延长使用寿命的目的。物品老化产生的变化如下。

1.外观变化

外观变化主要是指表面失光、变色、粉化、起泡、剥落、出现银纹、出现斑点、拉丝以及变黏、变软、变脆、龟裂、变形等。

2.物理性能变化

物理性能变化主要是指材料的耐热、耐寒、透气、透水性等的改变。

3.机械性能变化

机械性能变化主要是指商品的拉伸强度、伸长率、抗冲击强度、抗弯曲强度、抗疲劳强度以及硬度、弹性、附着力、耐磨性能等发生变化。

4.电性能变化

电性能变化主要指材料的绝缘性能、介电常数、节电损耗、击穿电压等发生变化。

5.分子结构变化

材料的分子结构变化,如分子量、分子量分布变化。

6.其他

农用塑料薄膜经日晒雨淋,会很快出现褪色、变色、透明度下降和强度下降甚至脆化等变化;户外架设的电线电缆日久会变硬、龟裂,绝缘性能逐渐下降,以致不能使用等;钢铁金属制品老化会影响其光泽、硬度、拉伸强度、抗冲击强度,以至于使用寿命缩短;化合纤维老化问题,比如,腈纶面料褶皱处容易断裂、磨损,可以加入其他纤维混纺,增强其性能,在太阳下暴晒也容易导致化合纤维老化和面料断裂。

二、物品老化的因素

(一)内部原因

1.高聚物分子结构的弱点

高分子材料的耐老化性能首先取决于本身结构。这是根本原因,有的高聚物容易老化,有的高聚物不容易老化。

2.其他成分的弱点

在生产高分子制品时,为使性能符合人们的要求,常根据不同用途,添加适当的助剂,不当的助剂会促进老化。

3.杂质

在单体制造聚合时,一部分杂质被引进,操作不小心或原料接触金属设备时,另一部分被带入。

4.成型加工影响

成型加工时,高聚物受到外界不同热及压力作用,内部会起不同变化。

(二)外因

1.日光

日光中紫外线是引起高分子材料老化的一个很重要的因素。实验表明,光化学反应一般在商品表层进行,首先,表层材料老化,随着时间推移,老化逐渐向内层发展。

2.热

许多高分子材料老化是热氧老化,热促进了氧化反应。热的活性很高,随着温度的升高,分子的热运动加速,使某些高聚物降解与交联。

3.氧和臭氧

高分子材料对于大气中的氧是很敏感的,微量氧可使某些材料的性能发生严重变化。大气中,臭氧虽然浓度很低,但能使商品使用寿命大大降低,尤其在含双氧大分子时。

4.水

水能够渗入材料,使高分子材料中某些水溶性物质、增塑剂和含亲水基团的物质被水所溶解、抽提或吸收,从而逐步改变材料组成和比例,加速材料老化。水会加速高分子材料老化。

三、物品防老化养护技术

(一)改善储存环境

①商品包装应整洁、完整,以减少外界因素的影响。

②加强商品入库验收,以便有的放矢,采取防治措施,确保在库商品质量安全。

③选择合适的存放场所。

④认真控制库房温度和湿度。

⑤加强商品在库检查。

⑥科学堆码。

(二)物理养护手段

1.涂漆

不同的高分子材料,应采用不同涂料和涂布防护方法。

2.涂橡胶

橡胶防护涂层包括改性天然橡胶、氯丁橡胶、聚氨酯、氯磺化聚乙烯、硅橡胶、氟橡胶等。

3.涂复塑料

在商品表面涂某些塑料粉末,形成塑料膜。

4.镀金属

塑料镀金属后,不仅表面具有金属的特性,而且能有效地隔绝光、氧、水等环境因素。

5.涂蜡、涂油

耐水性较差或容易受氧、臭氧作用的商品常可简单地涂蜡,以达到延缓老化、延长寿命的目的。

6.浸渍或涂布防老化剂溶液

将高分子制品浸入含防老剂的溶液中或将溶液涂布在制品上,使抑制外因作用的防老化剂在表面形成保护膜。

（三）其他养护手段

1.改进材料及工艺

用各种方法改进高分子材料的性能,以适应不同需要。

2.添加防老化剂

防老化剂可分为抗氧化剂、光稳定剂、热稳定剂等。

任务六　危险品在库作业

◎学习目标

1.了解危险品的基本类型。

2.掌握危险品养护的基本要求。

3.培养学生的责任意识和安全意识。

◎任务导入

江西吉安海洲医药化工有限公司"11·17"爆炸事故

2020年11月17日7时21分左右,位于江西省吉安市井冈山经开区富滩产业园海洲医药化工有限公司发生爆炸事故,造成3人死亡、5人受伤。

事故原因:303釜处理的对甲苯磺酰脲废液中含有溶剂氯化苯,操作人员使用真空泵转料至302釜中,因302釜刚蒸馏完前一批次物料尚未冷却降温,废液中的氯化苯受热形成爆炸性气体,在转料过程中产生静电引起爆炸。

安全警示

静电极易引发火灾爆炸事故,在产生静电的场所要格外警惕静电危害!

①生产、使用、贮存、输送、装卸易燃易爆物品的生产装置;

②产生可燃性粉尘的生产装置、干式集尘装置以及装卸料场所;

③易燃气体、易燃液体槽车和船的装卸场所;

④其他易产生静电积累的易燃易爆岗位(场所)和有静电电击危险的岗位。

◎任务要求

在充分考虑库存危险品质量安全的前提下,采取养护措施,预防危险事故。

◎任务实施

一、危险品的概念及类型

(一)危险品的概念

危险品是指具有易燃、爆炸、腐蚀、毒害和放射射线等性质的物品,在装卸搬运、仓储和运输过程中,因摩擦、震动、撞击、暴晒或温度等外界因素,可引起人身伤亡、财产毁损。

(二)危险品的类型

根据危险品的特性,将其分为十大类。

1.爆炸品

爆炸品具有猛烈的爆炸性,包括三硝基甲苯(TNT)、苦味酸、硝酸铵、叠氮化物、雷酸盐、乙炔银等。

2.氧化剂

氧化剂具有强烈的氧化性,可分为一级无机氧化剂、一级有机氧化剂、二级无机氧化剂、二级有机氧化剂等。

3.压缩气体和液化气体

压缩气体和液化气体分为剧毒气体、易燃气体、助燃气体、不燃气体等。

4.自燃物品

此类物品如果暴露在空气中会自身分解和氧化产生热量,温度升高到自燃点,如白磷等。

5.遇水燃烧物品

此类物品遇水或在潮湿空气中时能迅速分解,放出易燃、易爆气体,如电石等。

6.易燃液体

这类液体极易挥发成气体,遇明火即燃烧。闪点在45 ℃以下的称为易燃液体,在45 ℃以上的称为可燃液体(可燃液体不被纳入危险品管理)。

一级易燃液体闪点在28 ℃以下(包括28 ℃),如乙醚、汽油、甲醇、乙醇、苯等。

二级易燃液体闪点在29~45 ℃(包括45 ℃),如煤油等。

7.易燃固体

这类物品燃点低,如硫、萘等。

8.毒害品

这类物品具有强烈的毒害性,少量进入人体或接触皮肤即能使人中毒甚至死亡,如氰化物等。

9.腐蚀物品

这类物品具有强腐蚀性,如硫酸、盐酸、硝酸等。

10.放射性物品

这类物品具有放射性,如放射性矿石等。

各类危险品的标识,如图2-18所示。

二、危险品仓储管理

危险品必须被储存在经安全监管监察部门审查、批准的危险品仓库(专用仓库)中。未经批准,企业不得设置危险品储存仓库。储存危险品时,必须遵照国家法律、法规和其他有关规定。目前,我国没对仓储单独立法,管理办法依据《危险化学品安全管理条例》以及与

图 2-18　各类危险品的标识

之配套执行危险品仓储的国标。危险品安全储存要求如下：

（一）危险品出、入库

提货车辆和提货人员一般不得进入存货区，由仓储搬运人员将商品送到货区外。柴油车及无安全装置的车辆不得进入库区；提货车辆装运抵触商品时，不得进入库区和拼车装运。商品出库时，要包装完整、重量正确，并标有符合商品品名的危险标记。

（二）危险品堆码

危险品堆码方式与一般商品堆码方式基本相同，但更加严格。货垛不宜过大、堆码要牢固、苫垫要妥善，否则容易倒垛或受潮而引起爆炸、燃烧等灾害事故。一般堆垛高度：液体商品不超过 2 m，固体商品不超过 3 m。

（三）危险品保管

①危险品应存放在专用库场内并明显标示，库场配备相应的安全设施和应急器材。

②库场管理人员应经过专门训练，了解和掌握各类危险品保管知识，并经考试合格。

③危险品进入库场时，库场管理人员应严格把关，性质不明或包装不符合规定的，库场管理人员有权拒收。

④危险品堆放牢固，标记朝外或朝上。

⑤照明用灯应为专用防爆灯，避免产生火花。

⑥危险品库场应建立、健全防火责任制，确保各项安全措施。

（四）危险品装卸、搬运

在危险品装卸时，作业人员必须轻装轻卸，使用不产生火花的工具，禁止滚、摔、碰、撞、重压、震动、摩擦和倾斜，在搬运怕热、怕潮的危险品时，应采取必要的防护措施。装卸场地和道路必须平坦、畅通，夜间装卸时，安全照明必须足够亮。

作业人员应根据商品性质和操作要求，穿戴相应的防护服具（工作服、风镜口罩、防毒面具、橡皮手套、橡皮围裙、套裙、橡皮鞋、鞋套等），严防有害物质危害人体健康，并须及时清洗用过的各种防护用具。

◎知识链接:危险品应急处理

(一)危险品中毒处理

在危险品出入库、在库作业时,一旦发生中毒事故,必须迅速抢救,保证生命安全。当现场没有特效解毒药及中毒原因不清楚时,除立即拨打120急救电话外,应将病人立刻移到空气流通处,松开紧束的衣服,确保呼吸畅通。如呼吸已经停止或发生障碍,应施行人工呼吸。

具体急救方法如下:

1.清除皮肤毒物

迅速使中毒者离开中毒场所,脱去被污染衣物,用微温水反复冲洗身体,清除毒性物质。如为碱性中毒,可用醋酸或浓度为1%~2%的稀盐酸、酸性果汁冲洗;如为酸性中毒,可用石灰水、小苏打水、肥皂水冲洗。

2.清洗眼内毒物

迅速用浓度为0.9%的盐水或清水冲洗5~10 min。酸性毒物用浓度为2%的碳酸氢钠溶液冲洗,碱性中毒用浓度为3%的硼酸溶液冲洗。然后可点浓度为0.25%的氯霉素眼药水或浓度为0.5%的金霉素眼膏,以防感染;无液时,可用微温水冲洗。

3.吸入毒物时急救

应立即将病人撤离中毒现场,移至空气新鲜的地方,同时,可让其吸入氧气。

4.食入毒物时急救

①催吐。用手指、筷子、压舌板等触及咽部,使其将毒物吐出。条件具备时,可以服用浓度为1%的硫酸锌溶液50~100 mL。必要时,皮下注射去水吗啡(阿扑吗啡)5 mg。但这3种情况下禁止催吐,即中毒者服强酸、强碱,已昏迷、抽搐;患有严重心脏病、食物静脉曲张和溃疡病。

②洗胃。中毒者清醒时,越快越好,但神志不清、惊厥抽动、休克、昏迷时忌用。洗胃必须在医生的指导下进行。

③灌肠。清洗肠内毒物,防止吸收。腐蚀性毒物中毒时,可灌入蛋清、稠米汤、淀粉糊、牛奶等,保护肠胃黏膜,延缓毒物吸收;口服炭末、白陶土,可吸附毒物。

④排除毒物。用以下方法可促使已进入体内的毒物排除。

利尿排毒:大量饮水、喝茶水,利尿排毒;口服速尿20~40 mg/日。

静脉注射排毒:静脉点滴浓度为5%的葡萄糖40~60 mL加维生素C 500 mg。

换血排毒:毒性极大的氯化物、砷化物中毒时,可将病人的血液换成同型健康人的血液。

透析排毒:在医院可采用血液、腹膜、结肠透析,以清除毒物。

（二）化学危险品烧伤急救处理

化学危险品烧伤后，脱去致伤因素浸湿的衣服，迅速用大量清水长时间冲洗，尽可能地去除创面上的化学物质。注意，被生石灰烧伤时，应用干布擦净，然后用水清洗，以免生石灰遇水产生大量热量，致使创面进一步加重。被磷烧伤时，用大量水冲洗、浸泡，或用多层湿布包扎创面（禁用油质敷料包扎），防止磷自燃。

冲洗完后，可用中和剂，中和剂不宜长时间使用，片刻之后用流动水冲洗。及时确认是否为化学物质中毒，并按其救治原则及时治疗。如一时无法获得解毒剂或无法确定致毒物质，可静脉注入大量高渗葡萄糖和维生素 C、给氧、输新鲜血液等，然后根据情况选用解毒剂。

任务七　盘点作业

◎学习目标

1.了解盘点的基本目的。

2.熟悉盘点的基本流程。

3.掌握盘点的方法。

4.能完成实际的仓库盘点工作。

5.树立正确的职业道德规范和行为习惯。

6.培养学生社会责任感和参与意识。

◎任务导入

2021年5月30日,众物智联物流与供应链集团南京物流中心收到某一供应商盘点通知,要求2021年7月10日前提交6月份库存的盘点报表。

供应商对盘点绩效提出以下要求:提供2021年1—6月份家用电器的库存周转率;系统数量与实际数量相符程度及差异产生的原因分析;制订库存准确率(储位准备率和拣选位准确率)报表(目标考核比率:储位准备率100%和拣选位准确率95%)。

◎任务要求

每年6、7月份为众物智联物流与供应链集团的业务旺季。为不影响正常的仓储作业,作为仓库主管,王某该如何编制盘点计划和选择合理的盘点方式?如何确定并实施盘点策略?

◎任务实施

盘点是指定期或临时清查、清点库存物品的实际数量,即核对仓库现有物品的实际数量与保管账上记录的数量,检查有无残缺和质量问题,以便准确地掌握物品保管数量,进而核对金额。盘点是保证储存物品达到账物、卡相符的重要措施之一。只有使库存物品经常保持数量准确和质量完好,仓储部门才能更有效地为生产、流通提供可靠的供货保证。因此,在库作业管理中必须重视盘点工作。

理论上,账面数字和实际数字应该是一致的。但在实际作业活动中因出入库作业频繁、错记误记、错放混放、丢失、损耗等,盘点时,往住账物、卡不符。即使物品账面价值与现有物品一致,由于风化锈蚀、光照等自然原因,物品质量也会下降,有的甚至成为不能使用的劣质品或质量虽然未变化但随着时间推移成为旧型号物品,这些都将导致物品的价格下降。因而,应准确掌握质量低下的劣质品或陈旧品的数量,并查找其质量下降的原因,以便采取措施,防止类似事件再次发生。

一、盘点策略确定与盘点方式选择流程

该流程为:接受盘点任务—分析盘点要求—制定盘点策略—实施盘点作业。

二、盘点方式

盘点方式通常包括定期盘点和临时盘点两种。

(一)定期盘点

定期盘点即仓库全面盘点,一般指每季、半年或年终财务结算前全面盘点。货主派人会同仓库保管员、会计人员一起盘点对账。定期盘点须关闭仓库,全面清理,这样可避免盘点疏漏,使盘点结果准确。

(二)临时盘点

当仓库物品损失、保管员更换或仓库与货主认为有必要盘点时,可根据具体情况,确定盘点对账的内容和范围,组织局部性或全面盘点。

由于各仓库都有日常物品盘点制度。根据仓储业务的实践,可根据企业日常盘点,积累仓储经验,确保定期盘点和临时盘点的准确性,从而保证盘点的质量。

三、盘点的内容

盘点的内容主要包括数量盘点、重量盘点、库存周转率、账实核对、账卡核对、账账核对。

$$物品在库周转次数 = \frac{周期内物品出库总量}{周期内物品平均储存量}$$

在盘点对账时,如发现问题,应记录并逐一分析,找出原因,协商对策,纠正账目中的错误。盘点表,见表2-27。

表 2-27 盘点表

××××年××月××日

盘点序列号: 盘点范围:

储位号码	物品名称	单位	账面结存	盘点数	增加数	减少数	调整后实际库存	备注
须说明问题								

制表人: 盘点人: 复盘人:

四、处理盘点盈亏

库存物品盘点后,必须及时处理盈亏。

凡盘盈、盘亏的数额不超出国家主管部门规定或合同约定的保管损耗标准时,仓储保管企业可核销;超出损耗标准时,则必须查明原因,分析、写出报告并承担责任;凡不同规格的同类物品数量此少彼多但总量相符时,仓储保管企业可根据仓储合同约定直接与货主协商处理。根据处理结果,应及时调整账、卡数额,使物、卡数额一致。物品盘点调整表,见表2-28。

表 2-28　物品盘点调整表

××××年××月××日

盘点序列号:　　　　　　　　　　　　盘点范围:

储位号码	物品名称	单位	规格	账面数额			盘点实存			数量盈亏				价格增减				原因说明	负责人	备注
				数量	单价	金额	数量	单价	金额	数量	金额	数量	金额	数量	金额	数量	金额			
总经理			财务经理			仓储经理			制表人												

备注:第一联是仓库联,第二联是财务联,第三联是存根。

五、盘点方法

盘点方法通常可分为以下两大类。

(一)"人—机"盘点

"人—机"盘点在自动化立体仓库和自动分拣线上进行,使用仓储管理系统(Warehouse Management System,WMS)的盘点系统,利用电子标签和RF手持终端,人机配合盘点。

(二)人工盘点

人工盘点作业常用三人小组法。三人小组法的操作要领和作业细节如下:

①盘点人员要熟知企业盘点制度。

②选择盘点人员,每组3人,根据工作量和时间要求组成小组若干。

③提供盘点货位配置图。

④接受盘点作业任务。

⑤每组分工后,第1人按配置图盘点每一物品,并将盘点结果记入盘点表,第2人复盘第1人所完成的作业,第3人核查前两人的盘点数据,结果一致则将盘点结果记入盘点调整表盘点数栏,如不一致,则第3人再将结果与前两人的盘点结果对照,如一致则将结果记入盘点调整表。

⑥盘点时,可能出现盘盈或盘亏,不论盘盈或盘亏都要认真查找原因,可能出现混货和错货,应认真核对并调整。

⑦根据盘点结果,填制盘点盈亏汇总表,见表2-29。

表2-29　盘点盈亏汇总表

××××年××月××日

盘点序列号：　　　　　　　　　　　　盘点范围：

储位号码	物品名称	账面资料		实盘资料		盘盈		盘亏		差异原因
		数量	金额	数量	金额	数量	金额	数量	金额	
合计										

盘点人：　　　　　　复盘人：　　　　　　汇总人：

8.根据盘点盈亏汇总表,制作盘点卡,见表2-30。

表2-30　盘点卡

盘点序列号：　　　　　　　　　　　　盘点范围：

储位号码	物品名称	规格	单位	账面数量	盘点数量	盘盈亏数量	商品有效期	生产批号	破损情况

盘点员：

基础练习

一、单选题

1.适用于煤炭等大宗货物的堆码方式是(　　　)。

　　A.垛堆方式　　　　B.货架方式　　　　C.散堆方式　　　　D.成组堆码方式

2.合理堆码货物的优点主要体现在(　　　)。

　　A.有利于降低管理成本　　　　　　　B.有利于提高仓容利用率

　　C.有利于提高收发作业的效率　　　　D.有利于提高养护工作的效率

3.经日晒不受影响的商品生霉后,可(　　　),这样既能散去商品的水分,又能杀灭商品上的霉菌。

　　A.摊晾　　　　　　　B.烘烤　　　　　　　C.暴晒　　　　　　　D.低温消毒

4.(　　)指,根据物品的包装、外形、性质、特点、质量和数量,结合季节和气候情况以及储存时间,将物品按一定规律码成各种形状的货垛。

　　A.分货　　　　　　　B.堆码　　　　　　　C.分拣　　　　　　　D.上架

5.常见堆码方式中,(　　)是逐件、逐层向上重叠、一件压一件的堆码方式。

　　A.重叠式　　　　　　B.纵横交错式　　　　C.仰伏相间式　　　　D.压缝式

6.(　　)指,在物品码垛前,在预定货位地面位置,使用衬垫材料铺垫。

　　A.堆码　　　　　　　B.码垛　　　　　　　C.垫垛　　　　　　　D.垛基

7.苫盖的方法主要包括(　　)、鱼鳞式苫盖法和活动棚苫盖法。

　　A.整体苫盖法　　　　B.就垛苫盖法　　　　C.局部苫盖法　　　　D.选择苫盖法

8.垫垛要求足够高度,露天堆场一般要达到(　　)。

　　A.0.3~0.5 m　　　　B.1~2 m　　　　　　C.0.5~1 m　　　　　　D.0.1~0.3 m

9.下列哪种堆码方式适合存放小件商品或不易堆高的商品?(　　)

　　A.散堆方式　　　　　B.垛堆方式　　　　　C.货架方式　　　　　D.成组堆码方式

10.在梅雨季节或阴雨天,采用的商品温湿度的控制方法是(　　)。

　　A.密封　　　　　　　B.通风　　　　　　　C.吸潮　　　　　　　D.烘干

11.物品盘点作业的目的不包括(　　)。

　　A.确定物品现存量　　　　　　　　　　　B.检查物品质量

　　C.确认企业资产的损益　　　　　　　　　D.核实商品管理成效

12.要根据(　　)来确定盘点时间。

　　A.财务状况　　　　　B.货物损失状况　　　C.生产计划　　　　　D.仓库周转速度

二、多选题

1.货物堆码方式主要包括(　　)。

　　A.散堆方式　　　　　B.独立个体方式　　　C.垛堆方式　　　　　D.成组堆码方式

2.堆码的基本原则包括(　　)。

　　A.节省空间　　　　　　　　　　　　　　　B.选择适当的搬运活性

　　C.分类存放　　　　　　　　　　　　　　　D.面向通道

3.堆码的基本要求为(　　)。

　　A.合理　　　　　　　B.牢固　　　　　　　C.整齐　　　　　　　D.方便

4.湿度是表示大气干湿程度的物理量,常用(　　)等方法表示。

　　A.绝对湿度　　　　　B.饱和湿度　　　　　C.临界湿度　　　　　D.相对湿度

5.按通风动力,仓库通风可分为(　　)两种。

A.自然通风　　　　B.主观通风　　　　　C.客观通风　　　　D.强迫通风

6.以下哪些物质属于常用的吸湿剂？（　　　）

A.氧化钙　　　　B.氯化钙　　　　C.碳酸钙　　　　D.氯化钾

7.物品盘点作业的内容包括（　　　）。

A.查数量　　　　B.查质量　　　　C.查保管条件　　　　D.查安全

8.盘点前准备工作包括（　　　）。

A.确定盘点的具体方法和作业程序　　　　B.配合财务会计做准备

C.设计印制盘点用表单　　　　D.准备盘点基本工具

三、判断题

1.各种不同立面的货垛都有各自的特点。矩形垛、三角形垛的稳定性高,梯形垛、正方形垛易于堆码。（　　　）

2.物品的堆码方式主要取决于物品本身的性质、形状、体积、包装等,一般情况下,多平放,使重心最低,最大接触面向下,易于堆码,如片状易碎品等。（　　　）

3.应根据各种物品的性能和包装材料,结合季节气候等,妥善确定货垛的垛形与高度。如热天堆码含水率较高的易霉物品时,应码通风垛;堆码容易渗漏的物品时,应码间隔式行列垛。（　　　）

4.相对湿度表示的是空气的潮湿程度,是仓库湿度管理常用标度,相对湿度越接近100%,绝对湿度越偏离饱和湿度,空气越潮湿。（　　　）

5.大气密封是在密封空间内充入干燥空气或放置吸湿剂,使空气干燥,防止物品受潮。（　　　）

6.事实上,盘点结果亏盈的关键原因在于出入库过程中传票的输入和查点数目错误,因此,出入库越频繁,误差越小。（　　　）

7.每次盘点持续的时间应尽可能短,盘点的日期一般选择在旺季。（　　　）

8.循环盘点时,通常检查价值高或重要商品的次数多,而且监督严密,而盘点价值低或不太重要商品的次数可能尽量少。（　　　）

实训练习

1.实训目标:计算货垛可堆层数、占地面积。

实训内容:某仓库进了纸箱装洗衣粉100箱,每箱毛重为30 kg,箱底面积为0.3 m²,箱高为0.25 m,纸箱上标记允许承受的最大压力为100 kg,地坪承载能力为5 t/m²,库房可用高度为4.5 m。

实训要求:若采用货架存储,该批货物的可堆高层数、占地面积及货垛高度分别为多少?

2.实训目标:确定衬垫物数量。

实训内容:某仓库内要存放一台自重25 t的设备,衬垫的钢板长为2 m,宽为2 m,自重为0.5 t。

实训要求:需垫垛几块钢板?

3.实训目标:货物组托练习。

实训内容:某仓库存入一批货物,货物尺寸详情为奥利奥(草莓加心)150 g,600 mm×400 mm×220 mm,共20箱;康师傅红烧牛肉面,400 mm×280 mm×220 mm,共30箱。

实训要求:请组托以上物品(包括绘制组托图)。

4.实训目标:编制仓库盘点单。

实训内容:某储运有限公司盘点自己公司内第6库,该仓库内存放物品见表2-31。

表 2-31　第 6 库物品明细

名称	数量/包	单价/元	备注
大切片	852	4 500	
粒子	656	4 800	
PVC	1 020	3 900	
PTA	202	4 000	
涤纶短纤维	106	5 200	

盘点工作分别由李某、刘某和张某负责,在盘点时,李明未发现问题,但刘某发现涤纶短纤维的数量短少4包,在复核期间,确定了涤纶短纤维短少4包,并且其他物品保存完好。

实训要求:正确编制仓库盘点单和账存实存对比表。

项目三　出库作业

任务一　编制出库作业计划

◎学习目标

1.熟悉仓库出库作业计划编制与实施流程。

2.理解出库作业计划编制的影响因素。

3.能够编制并实施出库作业计划。

4.培养爱岗敬业、踏实肯干、勇于担当的职业精神。

5.培养严谨的操作规范意识和坚持不懈的目标意识。

◎任务导入

2020年6月27日,美达物流仓库收到下游客户一份订单,提货物品为空气净化器,规格为590 mm×490 mm×480 mm,数量为600箱,于2020年7月2日下午3点发货。

◎任务要求

美达物流仓库主管该如何编制本次出库作业计划?

◎任务实施

首先,在编制出库作业计划时,要充分考虑以下5个因素:订单量、订单处理周期、订单有效性判断、库存情况和EIQ分析结果。

出库作业计划编制与实施流程是什么? 主要包括以下5个步骤:

第一步:接收客户订单。

依据订单处理周期规定,接收并整理客户订单。

第二步:审核订单有效性。

首先要分析订单有效性,逐一分析客户订单,判定订单是否有效,仅将有效订单编入拣选计划,锁定无效订单。

订单有效性判定的依据主要包括客户名称和信用额度。

（1）客户名称

订单客户名称应与商务审核以及系统中客户名称相符，否则为无效订单并锁定，事后，商务部门与客户沟通确认。经仓库主管审核，本次订单客户信息无误。

（2）信用额度

分配给客户相应的信用额度，如应收账款+本次订单额>信用额度，订单为无效订单；反之，则为有效订单。

分析订单的有效性之后，要制定拣选策略。拣选策略主要包括分区、订单分割、订单分批、分类，这四者之间存在相互关系，在进行拣选作业整体规划时，必须按照一定的作业顺序，才能将复杂程度降到最低。

第三步：制订库存分配计划。

根据客户订单，查询库存情况，并在客户之间分配库存。根据本次订货信息，查询空气净化器目前存货，目前存货576台，不能满足客户订货，经沟通，先发货576台，到货后补送。

第四步：确定拣选方式。

根据客户订单品项、库存分布情况，以提高拣选效率、降低拣选成本为原则，确定拣选方式，本次拣选方式为摘果式拣选方式（按订单拣选）。

第五步：拣选。

根据客户所要求的发货时间，采用相应的方式拣选。同时，考虑拣货的效率、拣选成本与客户服务水平（要求）。

◎ 知识链接

出库要求

物品出库要做到"三不、三核、五检查"。"三不"，即未接单据不翻账、未经审单不备货、未经复核不出库；"三核"，即在发货时，要核对凭证、核对账卡、核对实物；"五检查"，即单据和实物品名检查、规格检查、包装检查、数量检查、质量检查。具体来说，物品出库时，要严格执行各项规章制度，杜绝差错事故，以提高服务质量，使用户满意。

任务二　出库凭证审核

◎学习目标

1.掌握出库凭证审核工作的内容。

2.熟悉出库凭证审核中容易出现的问题及处理方法。

3.能够有针对性地处理在出库凭证审核中出现的问题。

4.树立正确的职业道德规范。

5.养成良好的职业行为习惯。

6.培养学生社会责任感和参与意识。

◎任务导入

2020年6月20日,众鑫物流中心仓库收到美华贸易公司发送的提货通知单(表2-32),李某负责审核提货通知单并完成物品出库作业。

表2-32　提货通知单

提货单位:美华贸易公司　　　　　　　　提货时间:2020.6.20

货品名称	型号	单位	数量	包装
纯悦矿泉水	370 mm×190 mm×270 mm	箱	30	纸箱
可口可乐	370 mm×170 mm×180 mm	箱	40	纸箱
海之桐苏打水	380 mm×285 mm×270 mm	箱	50	纸箱

审核:李某　　　　　制单:　　　　　提货人:

◎任务要求

众鑫物流中心仓库理货员李某该如何审核提货通知单,完成出库作业。

◎任务实施

接到货物出库凭证时,仓储业务部门首先要仔细审核出库凭证,审核工作的主要内容如下:

第一,审核提货单的合法性和真实性。要审核提货单的合法性和真实性或审核领料单上是否有其部门主管或指定的专人签章,手续不全时,不予出库,如遇特殊情况(如救灾抢险),有关部门负责人同意后,可出库。出库后,须补办手续。

第二,核对物品的品名、型号、规格、单价、数量。

第三,核对收货单位、到货站、开户行和账号,如收货人自提出库,则要核查提货单有无财务部门准许发货的签章。提货单必须是符合财务制度要求的、具有法律效力的凭证。

在审核出库凭证时,如果出现下列问题,应及时处理。

第一,前来提货时,凡出库凭证超过提货期限的,用户必须办理手续,按规定缴足逾期仓储保管费,保管员方可发货。任何白条都不能作为发货凭证。提货时,用户发现规格开错,保管员不得自行调换规格并发货,必须在制票员核查无误后重新开票方可发货。

第二,凡出库凭证有疑点或者情况不清楚的,保管员应及时与出具出库单的单位或部门联系,妥善处理;发现出库凭证假冒、复制、涂改等时,应及时与仓库保卫部门联系,严肃处理,触犯法律时,应依法移交公安机关。

第三,物品进库未验收或者期货未进库出库时,一般暂缓发货,并通知货主,待货到并验收后发货,提货期顺延,保管员不得代发、代验。

第四,如客户因各种原因将出库凭证遗失,客户应及时与仓库管理人员和财务人员联系、挂失;挂失时,如果物品已被提走,仓管员不承担责任,但有义务协助货主找回物品;如果物品没被提走,经仓库管理人员和财务人员查实后,做挂失登记,将原凭证作废,缓期发货。

出库凭证审核无误后,要按出库凭证所列项目要求和数量拣货补货、配货、加工、包装及准备出库物品应附有的质量证明书或抄件、磅码单、装箱单等附件。机电设备、仪器仪表等产品的说明书及合格证应随货同行。进口商品还需要附海关证明、商品检验报告等。

任务三 备货

◎学习目标

1. 熟悉货物出库的拣选作业方式。

2. 掌握货物出库作业中拣货备料的具体流程。

3. 能够根据提货通知单上的物品种类和数量,选择备货方法。

4. 能够正确选择拣货方式,完成拣货作业。

5. 树立正确的职业道德规范。

6. 养成良好的职业行为习惯。

7. 培养学生社会责任感和参与意识。

◎任务导入

2020 年 12 月 10 日,美华贸易公司发送提货通知单(表 2-33)到众鑫物流中心的仓库,李某 11 日将到仓库提货。

表 2-33 提货通知单

提货单位:美华贸易公司　　　　　　　提货时间:2020.12.11

货品名称	型号	单位	数量	包装
美的多功能电饭煲	65430	箱	30	纸箱
小熊面包机	65255	箱	40	纸箱
小熊酸奶机(赠品)	65345	箱	50	纸箱

审核:王某　　　　制单:宋某　　　　提货人:李某

仓库内存货情况见表 2-34。

表 2-34 物品库存情况表

货位号	货品名称	数量/箱	货位号	货品名称	数量/箱
15-12-13	美的多功能电饭煲	30	15-14-13	小熊酸奶机(赠品)	40
15-12-14	美的多功能电饭煲	30	15-14-14	小熊酸奶机(赠品)	40
15-12-15	美的多功能电饭煲	30	15-14-15	小熊酸奶机(赠品)	40
15-13-13	小熊面包机	40	15-15-13	小狗吸尘器	50
15-13-14	小熊面包机	40	15-15-14	小狗吸尘器	50
15-13-15	小熊面包机	20	15-15-15	小狗吸尘器	50

◎任务要求

众鑫物流中心仓库理货员王某该如何根据提货通知单拣货备料并出库。

◎任务实施

王某要按提货通知单上所列的美的多功能电饭煲、小熊面包机、小熊酸奶机(赠品)的品种、规格、型号、数量等拣货备料,具体流程如下:

一、生成出库通知单

仓库客户服务中心收到提货通知单后,查询库存情况,核实,生成出库通知单,见表2-35。

表2-35　出库通知单

单号:20201210　　　　　　　　发货单号码:000157

提货单位:美华贸易公司　　　　　发货日期:2020.12.10

货号	货物名称	型号	包装	数量
150065.00.00	美的多功能电饭煲	65430	纸箱	30
150106.00.00	小熊面包机	65255	纸箱	40
511285.00.00	小熊酸奶机(赠品)	65345	纸箱	50

业务主管:张某　　　　　　　　　制单人:王某

二、提货人缴纳相关费用

提货人李某持提货单(一式三联)到财务部门缴纳相关费用,在提货单上加盖财务印章后,可以去仓库提取货物。

三、备货

(一)制作拣货单

理货员王某根据财务部门传来的表明货物已经办理付费手续的凭证,根据出库通知单所列物品明细和凭证上的批注,对货并制作拣货单,见表2-36。

表2-36　拣货单

拣货单号	2020353	用户订单编号	017
用户名称	美华贸易公司		
出货日期	2020.12.10	月台	2
拣货日期	2020.12.10	拣货人	王明
检查时间		检查人	

续表

序号	货位	物品名称	包装单位			数量/箱	备注
			箱	整托盘	单件		
1	15-12-13	美的多功能电饭煲		√		30	
2	15-13-13	小熊面包机		√		40	
3	15-14-13	小熊酸奶机(赠品)		√		40	
4	15-14-14	小熊酸奶机(赠品)		√		10	

（二）确定拣取方式

按照拣货货物数量,拣货分为订单拣取、批量拣取及复合拣取。

1.订单拣取

订单拣取针对每份订单,分拣人员按照订单所列商品及数量,将商品从储存区域或分拣区域取出,然后集中在一起。订单拣取作业方法简单,接到订单后可立即拣货,作业前置时间短,作业人员责任明确。但当商品品项较多时,拣货行走路程远,拣取效率低。

订单拣取适用于客户不稳定、波动较大、需求种类不多、需求差异较大或配送时间要求不一的订单。

2.批量拣取

将多张订单集合成一批,按照商品品种、类别加总、拣货,然后依据不同客户或不同订单分类集中。批量拣取可以缩短拣取商品的行走时间,增加单位时间拣货量。同时,由于订单须累积到一定数量,所以会产生停滞时间。批量拣取比较适用于客户稳定而且客户数量较多的专业性配送中心,需求数量可以有差异,配送时间要求也不太严格,但品种需求的共性要求较高。

3.复合拣取

为克服订单拣选和批量拣选方式的不足,可以将订单拣取和批量拣取组合起来。复合拣取由订单的品种、数量及出库频率决定。

（三）确定拣货路线及分派拣货人员

根据拣货单所指示的商品编码、货位编号等信息,明确商品所处的位置,确定合理的拣货路线,安排拣货人员拣货。

（四）拣取物品

按照拣货过程自动化程度,拣货分为人工拣货、机械辅助拣货和自动拣货。

1.人工拣货

拣取小体积、少批量、搬运质量在人力范围内、出货频率不高的货物时,通常可以手工拣货。

2.机械辅助拣货

机械辅助拣货可以利用升降叉车等搬运,机械辅助捡取体积大、质量大的货物。

3.自动拣货

自动拣货系统可以捡取出库频率很高的货物。拣好后,将货物放到指定位置,按照出库单分类,由验收人员检验。

任务四　配货

◎**学习目标**

    1.熟悉货物出库的配货作业形式。

    2.掌握配货作业流程。

    3.能够正确选择配货方式并配货。

    4.树立正确的职业道德规范。

    5.养成良好的职业行为习惯。

    6.培养学生社会责任感和参与意识。

◎**任务导入**

    2021年10月21日,众鑫物流中心仓库收到美华贸易公司发送的提货通知,要从仓库出库一批货物,在安排货物出库之前,仓库理货员王某已经拣货,接下来还需配货。

◎**任务要求**

    众鑫物流中心仓库理货员王某该如何配货并出库?

◎**任务实施**

    在货物拣取并放到配货区后,理货员配货,要正确选择配货方式,并且按照规定流程配货。

一、配货作业的主要形式

(一)单一配货作业

    单一配货作业是指每次只为一个客户配货,因此,配货作业的主要内容是组配和包装。一般来说,如果整托盘拣取的物品允许整托盘发运,那么需固定,也就是用包装膜或绳索将物品固定在托盘上;如果整取的物品不采取托盘运输,那么需将物品从托盘上卸下,然后将其捆装;整箱拣取的物品一般须打包;单件拣取的物品应装箱,以免物品丢失或损坏。

(二)集中配货作业

    集中配货作业是指同时为多个客户配货,所以其配货作业通常比单一配货作业多拆箱、分类程序,其余与单一配货作业大致相同。

二、配货的基本流程

（一）分类

分拣后,要根据用户或配送路线对分拣出来的物品分类,集中放置在缓冲区。分类方法主要包括人工分类、旋转货架分类以及自动分类机分类等。

（二）配货检查

分类后,需检查配货,以保证发运前物品品种、数量、质量无误。比较原始的配货检查方法是人工检查,也就是人工点数、察看物品外观质量等。为了提高人工检查的效率,可以将物品有规律地放置,如"五五堆码"等,以便于点数;或者称重,先称出物品的总重,然后对照物品的单位质量,计算并核对配货数量;还可以抽查。但总的来说,人工检查效率较低。

随着信息技术的发展,现在,还可以通过应用信息技术来检查配货,如扫描物品上的条码、应用语音输入技术等。

（三）包装、打捆

为了提高作业效率,一般要重新包装、打捆配送物品,以保护物品,提高运输效率,便于配送到户时客户快速、准确地识别各自的货物等。配货作业中,包装主要指物流包装,其主要作用是,保护货物并将多个零散物品放入大小合适的箱子中以实现整箱集中装卸、成组化搬运等,同时,减少搬运次数,降低货损货差,提高配送效率。同时,包装是产品信息的载体,在外包装上书写产品名称、原料成分、质量、生产日期、生产厂家、产品条码、储运说明等,可以便于客户和配送人员识别和装运产品。扫描包装条码还可跟踪货物,根据包装上的装卸搬运说明,可以使作业人员正确操作。

任务五 复核、点交

◎学习目标

1.熟悉复核、点交的内容。

2.掌握复核的方式。

3.能够正确复核、点交。

4.树立正确的职业道德规范。

5.养成良好的职业行为习惯。

6.培养学生社会责任感和参与意识。

◎任务导入

众鑫物流中心接收到一份红星电器有限公司的售出 100 台冰箱订单,该物流中心根据订单内容,安排冰箱出库,根据出库凭证,将所需货物发放给需要单位并管理各项。

◎任务要求

众鑫物流中心仓库仓管员需如何复核、点交?

◎任务实施

仓库根据出库凭证,将所需货物发放给需要单位并管理各项。货物出库标志着货物在库保管、养护业务结束。

货物出库是货物仓储过程中的最后一个环节,也是仓储部门的对外窗口,在一定程度上,其业务水平和工作质量反映了仓储企业的形象,直接影响企业的经济效益和社会效益。因此,及时、准确地出库是仓储管理的一项重要内容。

一、复核

(一)复核的定义

在出库过程中,反复核对出库物资,以保证出库物资的数量准确,质量完好、避免差错。为保证货物快速、准确、保质保量地出库,无论采用哪种出库方式,复核、点交、装载、发运等作业环节都是必不可少的,这些环节能使仓储活动管理良性循环。

(二)复核的方式

1.专人复核

专人复核是指发货保管员自己发货、自己复核,并对所发物资的数量、质量负全部责任。

2.相互复核

相互复核又称"交叉复核",即两名发货保管员照单复核对方所发物资,复核后,应在对方出库单上签名,与对方共同承担责任。

3.专职复核

专职复核是指仓库设置的专职复核员复核。

4.环环复核

在发货过程各环节如查账、付货、检斤、开出门证、出库验放、销账等,反复核对所发货物。

（三）复核的内容

复核的内容包括品名、规格型号、数量是否与出库单一致,配套、技术证件是否齐全,外观质量和包装是否完好。只有加强出库复核工作,才能防止错发、漏发和重发等事故。

二、点交

（一）点交的定义

保管员将应发物资向用料单位逐项点清交接。出库货物经复核后,保管员要向提货人员点交;同时,应逐笔向提货人员当面核对出库货物及随行证件。

（二）点交的注意事项

①当场按件数点清重量标准的、包装完整的、点件的物资,并将其交给提货人或承运部门,随即开具出门凭证,提货人在出门凭证上签名。

②应当场过磅计量或检尺换算计量时,保管员按程序和规定检斤、检尺并将磅码单抄件、检尺单抄件及出门证一并交提货人,提货人在原始磅码单及出门证上签名。

总之,在点交过程中,保管员应主动向提货人员交代重要货物的技术要求、使用方法、注意事项,提供技术咨询服务。货物移交清楚后,提货人员应在出库凭证上签名;保管员应做出库记录并签名,将出库凭证有关联次及有关证件即时送交货主,以便结算有关款项。

任务六 装载、发运

◎学习目标

1.熟悉装载、发运的内容。

2.掌握装载的注意事项及发运流程。

3.能够正确装载、发运。

4.树立正确的职业道德规范。

5.养成良好的职业行为习惯。

6.培养学生社会责任感和参与意识。

◎任务导入

某物流中心接收到一份红星电器有限公司的售出 100 台冰箱订单,该物流中心根据订单内容安排冰箱出库,根据出库凭证,将所需货物发放给需要单位并管理各项。

◎任务要求

物流中心运输管理员需如何装载、发运?

◎任务实施

一、装载

(一)装载的定义

装载是指车辆配载。根据不同配送要求,在选择合适的车辆的基础上配载,以提高车辆利用率。

(二)装载的注意事项

由于货物品种、特性各异,为提高送货效率,确保货物质量,必须分类特性差异大的货物,并分别确定不同运送方式和运输工具。有异味、散发粉尘、渗水的货物不能与其他货物混装。为了避免或减少差错,应尽量把外观相近、容易混淆的货物分开。

(三)装载合理化

运输装载率是指在运输距离和运输工具不变的情况下货品装载量的指标,它反映了运输商品的合理配置,反映了运输管理中对路线、客户、订单等信息的掌握程度。衡量装载率的指标是车辆满载率。具体体现在以下几个方面。

1.运输网络合理配置

应该区别储存型仓库和流通型仓库,合理配置各物流基地(或物流中心),基地设置应提高货物直送比率。

2.选择最佳的运输方式

要决定使用水运、铁路、汽车或航空。如用汽车,要考虑车型(大型、轻小型、专用),用自有车或委托运输公司。

3.提高运送效率

努力提高车辆的运行率、装载率,减少空车行驶,缩短等待时间或装载时间,提高工作时间,降低燃料消耗。

4.推进共同运输

提倡部门、集团、行业之间合作和批发、零售、物流中心之间配合,提高运输工作效率,降低运输成本。

二、发运

(一)发运的定义

根据送货计划所确定的最优路线,在规定的时间内,及时、准确地将货物运送到客户手中。在运送过程中,要注意加强运输车辆考核与管理。

(二)发运的工作流程

1.备货

订单评审完毕,应及时将履约信息送到库房,库管、物流员同时跟踪、关注生产进程,订单对应的货物需合理入库归放。

2.理货

物流员与成品库管提前一天清点,确定备货量是否已满足订单、库存商品是否按订单要求生产(或原有库存是否满足订单特殊要求)。如备货有误差(技术要求不符等)、备货量无法满足订单、未按要求生产、原有库存生产日期过错等,应及时补货、排产。

3.出货

核实无误后,物流员联系司机,确认到厂时间。依据车厢尺寸、卸车先后次序、包装形式和数量等,计算装车方法,并提前联系装卸工。在车辆到达前 1 h,按装车次序由叉车配合装货。

4.验货

出货后,质检人员检验、确认是否可以发运。部分商品有质量问题或整体质量差时,与业务员沟通确认是否有余货替补,如若没有,取消发运。

5.装车

车辆到达后,查看车辆情况,确认是否存在装车障碍、装卸问题。再次清点数量、确认无误后,拍照记录车头、车尾、装车过程、封厢前状态。常温运输时,确认是否须带防尘防水帘等,需留存司机的身份证、驾驶证、行驶证复印件。

6.制单

库管做出库单、出门证,物流员做装车明细表,品控部相关人员做质检报告,各留底一份,随车带走两份。

各相关人员签字确认,司机确认。

7.物流追踪

跟踪产品进程至指定客户签收产品为止。

8.到货

接收客户对到货数量、质量等信息的反馈。若客户投诉、整改或弥补。

任务七 出库整理

◎学习目标

1. 熟悉出库整理的内容。
2. 掌握销账、清理的内容。
3. 能够正确出库整理。
4. 树立正确的职业道德规范。
5. 养成良好的职业行为习惯。
6. 培养学生社会责任感和参与意识。

◎任务导入

众鑫物流中心收到一份红星电器有限公司的售出100台冰箱订单,该物流中心根据订单内容安排冰箱出库,根据出库凭证,将所需货物发放给需要单位并管理各项。

◎任务要求

众鑫物流中心仓库仓管员需如何出库销账和出库整理?

◎任务实施

货物点交清楚、办完交接手续后,该货物的保管阶段基本结束,但出库作业未完全结束。仓库管理人员应立即出库整理。出库整理工作主要包括销账、清理等。

一、销账

当货物出库完毕后,仓库管理人员应及时将货物从仓库保管账上核销,取下垛牌,以保证仓库账账相符、账卡相符、账实相符。账册要日清月结、随发随销。货物出库后,仓库管理人员应根据出库凭证,在货物保管账上注销账目,算出结余并查对其与料卡上的余额是否相符。若发现问题,应及时查明原因,研究处理,并将留存的仓单、单证、文件等存档管理。

二、清理

货物出库后,保管员应及时清理现场杂物,该并垛的货物要并垛,垛底要整理干净;该清点的货物要清点,收检苫垫材料,以便新货物入库时使用。此外,还要整理该批货物的出入库、保管保养及盈亏等数据,并将其归档,妥善保管。

任务八　退货处理

◎ **学习目标**

1. 熟悉退货处理的内容。

2. 掌握退货的流程。

3. 能够正确退货。

4. 树立正确的职业道德规范。

5. 养成良好的职业行为习惯。

6. 培养学生社会责任感和参与意识。

◎ **任务导入**

华德永佳地毯有限公司（简称"华德公司"）于 2021 年 6 月 7 日准备出库编号为 KH-BH001 的原材料。应出库货物如下：

01,羊毛 Aa,产品编号 CPBH001a,袋装,60 kg/袋,共计 20 袋。

02,羊毛 Bb,产品编号 CPBH002b,袋装,60 kg/袋,共计 20 袋。

03,羊毛 Ca,产品编号 CPBH003a,袋装,60 kg/袋,共计 20 袋。

04,羊毛 Db,产品编号 CPBH004b,袋装,60 kg/袋,共计 20 袋。

华德公司仓库保管员小程准备该批货物出库通知单（RKTZD001），编制作业计划单号为 RKD001 的出库单,将该批原材料存放在编号为 KF001 的库房。在出库验收中,兴安盟羊毛 Db 的质量没过关,包装破损,产品编号为 CPBH004b 羊毛全部退货。于是,小程立即编制了作业计划为 CKD001 的退货申请单,退货单号为 THDH001,要求兴安盟更换产品编号为 CPBH004b 的羊毛 Db（送货单号是 SHDH001）。其他合格产品暂时存放在 KF001 库房的暂存区,待货品（羊毛 Db）更换完毕后,一起入库。

◎ **任务要求**

如果你是小程,请依据上述信息完成退货单及暂存货品的入库单？

◎ **任务实施**

商品退货是指仓库按订单或合同将货物发出后由于某种原因客户将商品退回仓库。因为退货只会大幅度增加成本、减少利润,因此,在物流活动中,应尽可能避免退货。

一、退货原因

（一）质量问题

商品不符合质量要求时，如接收方提出退货，仓库应及时退换货。

（二）搬运途中损坏

在搬运过程中，产品破损或包装污染，仓库应给予退回。

（三）错发、送错退货

送达客户的商品不是订单所列明的商品如商品条码、品名、规格、质量、数量与订单不符时，如客户要求换货或退回，必须立即处理，减少客户抱怨。

（四）货物过期

有保质期的商品在送达接收单位时超过商品的有效保质期限时，仓库应予以退换。

二、退货流程

退货流程，如图 2-19 所示。

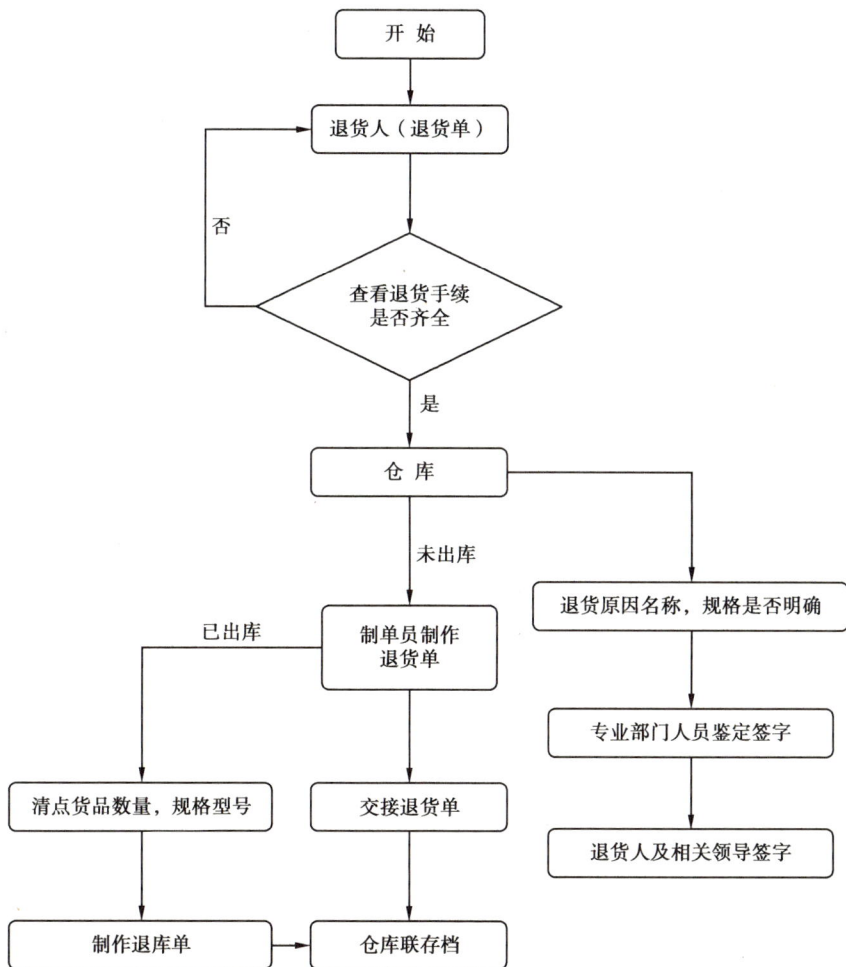

图 2-19　退货流程

三、退货处理方法

(一)重新发货或替代

由于货物存在缺陷而客户要求退货时,应立即用没有缺陷的同一产品或者替代品更换有缺陷的产品,并收回退货。

(二)运输单位赔偿

由于货物在搬运途中受到损坏而退货时,应确认损坏程度,由运输单位赔偿。

(三)无偿重新发货

错发货物时,仓库应调整发货单,将错发的货物调回,重新按单发货,所产生的所有费用由发货人承担。

(四)有偿重新发货

客户原因退货时,所有费用由客户承担,退货后,按客户新订单重新发货。退货问题涉及各方面,物流活动中,应尽可能地避免退换货。

无论什么原因造成退货,仓库管理人员都应该及时填写退货单,退货单样式见表2-37。

表2-37　退货单

客户名称:　　　　　　传真单号:　　　　　　退货日期:

商品编号	品名	规格	数量	出货单好	签名
退货管理					

主管:　　　　　　　　填表:

退货无论采取何种方式都会给仓库造成不良影响,其中,最直接的影响是货物积压、仓库成本增加,不仅影响仓库正常运作,而且降低了客户的忠诚度和美誉度。仓库做好退货管理工作,不仅可以建立仓库良好的企业形象,而且可以及时发现物品质量问题及仓库经营管理问题。

任务九　6S 管理

◎学习目标

1.熟悉 6S 的基本含义。

2.理解实施 6S 的意义。

3.能运用 6S 解决仓库现场问题。

4.培养遵纪守法、具有责任感的员工、营造团队精神。

◎任务导入

在运行过程中,某企业的问题如下:

①作业流程不畅,搬运距离长且通道被阻。

②工装夹具随地乱放。

③物品堆放杂乱,良品与不良品混杂,成品与半成品很难区分。

④私人物品随意摆放,员工频繁走动。

⑤机器设备保养不良,故障多。

⑥地面脏污,设施破旧,灯光灰暗。

⑦物品因没有标识而时常误用、误送。

⑧管理气氛紧张,员工无所适从。

◎任务要求

仓库管理人员应如何解决这个企业的问题?

◎任务实施

一、6S 管理的含义

6S 指不断整理、整顿、清扫、清洁、提高实验、实训、办公、生产现场各运用要素(主要是物的要素)素养及安全活动,见表 2-38。

表 2-38 "6S"管理的含义一览表

推荐用语	日文注音	英文	其他中文提法
整理	seiri	structurise sort organisation	清除/整理/常组织
整顿	seiton	systemise straighten neatness	整理/常整顿
清扫	seiso	sanitise shine/cleaning	清洁/常清洁
清洁	seiketsu	standar dise standar dire	清洁标准化/规范化/常规化
素养	shitsuke	selfdiscpline sustain discipline and training	培训与自律/修养/常自律
安全	safety	safe/self criticism	自检

(一)整理(seiri)

1.含义

将必需物品与非必需物品分开,在岗位上只放置必需物品。

2.原则

①清理:区分需要品和不需要品。

②清除:清理不需要品。

③清爽:分类分层管理需要品。

3.目的

腾出空间、防止误用。

4.实施的要点

①现场检查。

②区分出需要品和不需要品。

③清除不需要品。

④处理废弃物。

⑤每日自我检查。

(二)整顿(seiton)

1.含义

将必需品放在任何人都能立即取到的位置,物品整齐、有标示,寻找时间为零。

2.原则

①定点:确定物品的摆放地点。

②定容:用什么容器,容器的颜色。

③定量:规定合适的数量。

3.目的

工作场所一目了然,消除寻找物品的时间,建立井井有条的工作秩序。

4.实施的要点

①在整理的基础上,合理规划空间和场所。

②按照规划,安顿每一样物品,使其各得其所。

③做必要的标识,令所有人都清楚、明白。

(三)清扫(seiso)

1.含义

除"脏污",保持职场内干干净净;将岗位变得干净整洁,将设备保养得非常好,创造一尘不染的环境。

2.原则

①扫黑:扫除垃圾、灰尘、粉尘、纸屑、蜘蛛网。

②扫漏:扫除漏水、漏油、漏气。

③扫怪:扫除异常之声音、温度、震动。

3.目的

稳定品质、零故障、零损耗。

4.实施的要点

①设立清扫责任区。

②建立清扫标准。

③例行清扫。

④调查污染源并采取措施。

(四)清洁(seiketsu)

1.含义

清洁是指随时保持整洁。清洁是一种状态,是维持整理、整顿、清扫的结果。

2.目的

使人心情愉快、积极乐观。

3.实施的要点

①不断地整理、整顿、清扫,彻底贯彻以上3S。

②坚持不懈,不断检查。

③总结以持续改进。

④将好的方法与要求纳入管理制度与规范,将突击运动转化为常规行动。

(五)素养(shitsuke)

1.含义

素养是指不断完善,养成遵守既定事项的好习惯,不论在家里或者在其他地方。4S(即前4方面)是身边谁都能做得到的事,做得到也应该做得好,素养就是这4S的继续和升华。

2.目的

培养遵纪守法、品德高尚、具有责任感的员工,营造团队精神。

3.实施的要点

①继续推动以上4S,直至习惯化。

②制定相应的规章制度、教育培训、激励。

③将外在的管理要求转化为员工自身的习惯、意识。

④使上述各项活动变成自觉行动。

(六)安全(safety)

1.含义

重视成员安全教育,每时每刻都有安全第一观念,防患于未然。

2.目的

营造安全的工作环境,让员工安心工作。

3.实施的要点

①建立系统的安全管理体制。

②重视员工的培训教育。

③实行现场巡视,排除隐患。

④创造明快、有序、安全的工作环境。

二、"6S"的主要效用

"6S"管理的效用可以总结为6个S,即safety(安全)、sales(销售)、saving(节约)、standardization(标准化)、satisfaction(客户满意)、self-advancement(自我发展)。

(一)6S对安全有保障(safety)

仓库宽广明亮、视野开阔,一目了然;遵守仓库规划限制,不安全处一目了然;通道明确,防止杂乱影响作业的效率。

(二)6S是最佳的推销员(sales)

清洁、整齐、安全、舒适的企业环境、良好素养的员工队伍,常常更能博得客户的信赖。

(三)6S是节约家(saving)

降低很多不必要的空间占用,减少员工寻找,提高商品效率和工作效率。

(四)6S是标准化的推行者(standardization)

推行"6S",使企业员工内部养成守标准的习惯,使得各项活动、作业均按标准要求运行;使结果符合计划;为质量稳定打下基础。

(五)6S形成令人满意的职场和产品(satisfaction)

企业内部,动手改善工作场所、使工作场所明亮清洁;员工有成就感;能造就现场全体人员改善的气氛。企业外部,灰尘、毛发、油污等环境会使加工精美度下降,甚至影响产品的质量,而推行"6S"后,清扫、清洁得到保证,产品在卫生状态良好的环境下形成、报管甚至交付客户,质量得以保证,使客户满意。

(六)6S 是员工自我发展的培养者(self-advancement)

大家都养成良好的习惯;不断自我检讨,不断提升个人素质。

基础练习

一、单选题

1.物品出库时,如外包装无异常而包装箱内物品与入库通知单不符,(　　)应负责。

　　A.发货人　　　　　B.送货人　　　　　C.保管人　　　　　D.发货人或送货人

2.物品出库的作业程序是(　　)。

　　A.出库单证→备货→复核→点交→结算

　　B.出库要求→出库审核→出库交接→结算

　　C.出库通知→出库准备→出库交接→结算→清场

　　D.出库准备→审核出库凭证→备货→复核→包装→刷唛→点交与结算

3.将存储或拣货区划分成几个区域,一张订单由各区人员前后接力共同完成的拣选方式是(　　)。

　　A.单人拣选　　　B.分区接力拣选　　　C.分区汇总拣选　　　D.批量拣选

4.收货人或其代理持取货凭证直接到库取货、仓库凭单发货的出库方式属于(　　)。

　　A.送货　　　　　B.收货人自提　　　　C.过户　　　　　D.转仓

5.在发货过程中,如果物品包装破漏,发货时,应经过整理或更换包装,否则造成的损失应由(　　)承担。

　　A.收货人　　　　B.仓储部门　　　　　C.验收人员　　　　　D.运输单位

6.(　　)适用于商品品种较少、质量较轻的货品分拣、自动化拣货。

　　A.按订单拣货　　B.批量拣货　　　　C.摘取式拣货　　　D.播种式拣货

7.订单品种较单一、批量大,可以(　　)。

　　A.定时分拣　　　B.定量分拣　　　　C.批量分拣　　　　D.订单分拣

8.货主为了方便业务开展或改变储存条件,须将某批库存物品自某仓储企业的甲库转移到该企业的乙库,这种发货形式是(　　)。

　　A.过户　　　　　B.送货　　　　　　C.自提　　　　　　D.转仓

9.(　　)时,适合订单拣选。

　　A.需求种类不多　　　　　　　　　B.用户稳定且用户数量较多

　　C.品种共性要求较高　　　　　　　D.配送时间要求不严格

10.出库前准备工作包括(　　　)。

    A.包装、整理货物　　　　　　　　　　B.货物组培、分装

    C.准备包装材料、工具和用品　　　　　D.安排调配出库凭证的仓容及装卸机具

二、多选题

1.物品出库时,做到"三不、三核、五检查",其中,"三核"指在发货时要核实(　　　)。

    A.凭证　　　　　　B.账卡　　　　　　C.实物　　　　　　D.货物质量

2.在整个出库业务程序中,最为关键的环节包括(　　　)。

    A.核单备料　　　　B.复核　　　　　　C.点交　　　　　　D.包装

3.出库作业的要求包括(　　　)。

    A.严格执行出库作业程序　　　　　　　B.准确

    C.安全　　　　　　　　　　　　　　　D.及时

4.出库作业常见问题包括(　　　)。

    A.出库单据问题　　　　　　　　　　　B.出库数量差异

    C.装车错误　　　　　　　　　　　　　D.包装破漏

5.常用的补货方式包括(　　　)。

    A.拼/整箱补货　　　B.托盘补货　　　C.货位补货　　　　D.自动补货

三、判断题

1.仓库必须建立严格的出库和发运程序,严格遵循"先进后出"原则。　　　　(　　　)

2.漏记账指在商品出库后核销明细账时没按实际发货出库的商品名称、数量等登记从而造成账实不相符。　　　　　　　　　　　　　　　　　　　　　　　　　　(　　　)

3.凡出库凭证超过提货期限,提货人必须先办理手续,按规定缴足逾期仓储保管费,然后方可发货。　　　　　　　　　　　　　　　　　　　　　　　　　　　　(　　　)

4.商品复核指商品出库作业过程的各工序,以商品出库凭证为依据反复核对。(　　　)

5.订单处理包括订单资料确认、存货查询、单据处理等。　　　　　　　　　(　　　)

实训练习

实训目标:熟练编制出库单和退货单。

实训内容:(1)上海某电动车厂(上海武汉路135号)向上海机械进出口公司发出一批型号为QA-U的花蝴蝶牌电动车,每辆单价为1 900元,共计3 000辆,王某负责编制出库单证。

(2)上海机械进出口公司以该送货单为依据验收审查,验货发现,3辆电动车在运输、装卸中不小心被损坏,客户不能接受并退货。

实训要求:正确编制出库单和退货单。

项目四　库存控制

任务一　认识库存控制

◎学习目标

1.了解库存控制理论的发展。

2.熟悉库存控制的基本方法和工具。

3.培养学生的社会责任感和参与意识。

◎任务导入

Team Hanes 公司的库存管理

市场总是正确的,尤其是流行行业,出现与预期不同的不确定性市场走向经常是正常的。例如,对运动服装制造商这种类型的企业,一场体育比赛的结果也许会直接影响次日消费者的购买,或者一个崇拜偶像的陨落可以引起成千上万件 T 恤的滞销积压。这种需求的不确定性对企业经营及商品计划与控制带来巨大影响。

通常由于季节、运动方式、时尚、尺寸及款式品种变换等会产生大量的库存,如何使这种不确定性需要得到有效控制,经销此类商品的零售商采取一定的控制对策,有的要求每年库存周转 5 次,并希望订货提前期是 5 天,还要求95%的履约率和详细准确的价格标签。

在目前这种零售商与制造商角色难以替换的情况下,怎样保持最低的零售库存来实现每年 5 次的周转,而且在零售中有足够的库存以避免缺货,怎样在配送中心保持足够的库存来满足需求中不可预见的情况的同时,又不会遭受价格下跌而过多抛售的风险? 怎样平衡各类产品生产大批量与需求小批量的成本利益?

美国运动服装制造商 Team Hanes 公司为此采取了相应措施,并为在大型零售店中出售运动衣应用了供应商管理库存(Vendor Managed Inventory, VMI)。其方案是和零售商更紧密地协作管理各类服装,包括积极地监控和调整商店一级的各种款式服装的库存,根据POS 数据,每周进行库存补货,并把带标价签的产品直送商店。通过管理从零售到生产的整个供应链,缩短了供货周期,降低库存(如零售商的配送中心),从而对多变的消费需求更快地反应。Team Hanes 的供应商管理库存能够增加零售商与 Team Hanes 公司间运动衣交易量,然而随着业务的发展,随着产品线的扩大和经销产品零售店的增加,也给供应商管理库存的持续实施带来了挑战。

Team Hanes 认识到,要在这个瞬息万变的运动衣市场实现盈利的增长,需要一个能够更可靠地满足消费需求且整个系统的库存又比传统方式更少的经营基础。Mercer 公司帮助 Team Hanes 设计了一个业务系统,使公司在发展的时候获得这些供应商管理的利益。

已开发的 Team Hanes 业务系统,根据消费需求预测,以一体化的方式管理整个供应链,解决了传统方式的不足,以系统化思想来整合供应链中的所有活动。

利用消费需求预测,可每周检查服装零售信息,以调整各种款式服装的库存水平,满足当前的需求,而不是保持若干周销量的库存。

结合商店 POS 数据和对各款服装库存的调整,每周确定向各零售店铺的发货。这些补充供货在 Team Hanes 的配送中拣选后,直接运到商店。这种补充商品的方式降低了中间环节库存维持水平,缩短了订货周期。在配送中心内,对销量大的商品品种采用更为专门的自动化处理技术,进一步降低了成本,提高了反应速度。

根据消费需求预测和对不确定性的分析,在 Team Hanes 配送中心内,每个品种的库存每周都要再次评定。消费需求趋势方面的变化在相应的时期被自动整合到库存计划中,更好地预防潜在缺货的发生。我们采取这种方式,改变了传统的"库存以几周计算"的习惯,库存要不断与每周的消费需求预测、比较,而不是用过去的平均消耗率。

根据库存与消费需求预测,每个品种的生产计划均要每周进行检查,经预测任一品种低于所需的库存水平时,就安排生产计划。这种方式以一种对需求的前瞻性眼光关注生产计划,能充分满足消费需求,并在问题发生之前就采取措施。

每个品种的生产规模得到优化,以平衡根据每个品种的具体销售特征计算出的经济订货批量和预测消费需求,由此大量生产可以保证,而且成品库存量总是和下几周的预期销量相联系。

零售式样、成品库存水平和生产进度怎样才能既针对每个品种、每周进行的检查,而又不花费大量人力呢? 关键在于整个流程真正的自动化。在日复一日的供应链运营中,所有决策能够从消费需求预测中制定。Team Hanes 的计算机系统可以为供应链中的每项活动推荐最佳方案。这些建议能够自动执行(例如,对量小的式样的库存调整)或者为检查作出提示(如生产计划方面)。

这个业务系统在业务增长时,能够一致和可靠地向零售商传达 Team Hanes 独特的价格建议。它使 Team Hanes 公司运动装的供应链管理前后衔接,零售商和自己双方在收入和利润上均实现最大化。

◎任务要求

1.Team Hanes 公司实行的是推动式库存管理,还是拉动式库存管理的方法?

2.简述 Team Hanes 公司实行的库存管理模式的特点。

3.你认为本案例中 Team Hanes 公司的库存管理存在哪些可取之处?

4.你认为本案例中 Team Hanes 公司的库存管理存在哪些不足之处?

5.我们从本案例中可以学到什么?

◎任务实施

在保障供应的前提下,使库存物品的数量最小。从现代物流管理的仓储角度看,持有库存可以使企业获得规模经济性以及好的客户服务水平,但库存是企业付出的高代价投资,因此,库存管理是仓储管理域所面临的重要问题。

一、库存控制的概念和意义

(一)库存控制的概念

库存控制(Inyentory Control)是管理和控制制造业或服务业生产、经营全过程中各种物品、产成品以及其他资源并使其储备保持在经济合理的水平上。企业控制库存,得到更高盈利。库存控制是仓储管理的重要组成部分。它在满足客户服务需求的前提下,控制企业的库存水平,尽可能降低库存水平,提高物流系统的效率,以提高企业的市场竞争力。

(二)库存控制的意义

库存控制的意义包括以下几个方面:

①在保证企业生产、经营需求的前提下,使库存量保持在合理水平。

②掌握库存量动态,适时、适量提出订货,避免超储或缺货。

③减少库存空间占用,降低库存总费用。

④控制库存资金占用,加速资金周转。

二、库存控制的相关指标

(一)确定库存数量

库存数量应合理。在满足用户需求的前提下,以最经济的方法和手段,使库存费用、订货费用、缺货损失之和保持最小。要保持这一状态,既要处理订货次数和订货数量之间效益背反问题,又要处理用户的需求问题。

(二)计算安全库存量

安全库存指用于应对不确定因素(如大量突发性订货、交货期突然延期等)而准备的缓冲库存。

（三）库存成本

要控制库存,首先须了解库存成本的构成以及库存成本的特点。

1.订货成本

订货成本指企业为了实现一次订货而举办的各种活动的费用,包括处理订货的差旅费、订货手续费、通信费、招待费等。

订货成本中,一部分与订货次数无关,如常设采购机构的基本开支等,称为订货的固定成本;另一部分与订货次数有关,如差旅费、邮资等,称为订货的变动成本。

订货的特点是,在一次订货中订货成本与订货量无关;总订货成本与订货次数有关,订货次数越多,总订货成本越高。

2.保管成本

保管成本是在保管过程中为保管物品而产生的全部费用,包括入库、出库时装卸、搬运、堆码、检验费用,保管用具、用料费用,仓库房租、水、电费用,保管人员的工资费用,保管过程中货损货差,保管物品占用资金的银行利息等。

保管成本的确定方法一般包括两种:一种是直接计算单位物品的保管成本;另一种是先计算保管费率,然后乘以库存物品的价值(一般指物品的单价)。

保管成本的特点是,保管成本与被保管物品的数量和保管时间有关。被保管物品越多,保管时间越长,所承担的保管费用就越高。

3.缺货成本

缺货成本指因存货不足而造成的损失,包括材料供应中断造成的停工损失、丧失销售机会的损失等。

缺货成本应视企业是否允许存货短缺而定。若允许缺货,则缺货成本便与存货数量反向相关;若不允许缺货,则缺货成本为零。

4.进货成本与购买成本

进货成本指在进货途中为进货所花费的全部支出,即运杂费,包括运费、包装费、装卸费、租赁费等。购买成本即购买物品的原价。它们的特点是,订货的数量、订货的地点确定以后,总的购买成本和总的进货成本就是确定不变的,不会随着进货批量变化而变化。也就是说,进货成本与购买成本与订货数量无关,批量大小不影响其总进货成本和总的购买成本,我们把这种与订货批量无关的成本称为固定成本,而把与订货批量有关的成本称为变动成本。因此,进货成本与购买成本是固定成本,而订货成本、保管成本、缺货成本是可变成本。

任务二　ABC 分类法

◎学习目标

1. 了解 ABC 分类法的基本原理。

2. 掌握 ABC 分类法的分析过程。

3. 能运用 ABC 分类法管理仓库物品。

4. 培养学生的社会责任感和参与意识。

◎任务导入

某企业的 8 种商品见表 2-39，如何管理？

表 2-39　商品信息表

商品编号	单价/元	库存量/件
1	5.00	50
2	4.00	300
3	1.00	290
4	2.00	160
5	6.00	40
6	3.00	2 000
7	2.00	700
8	1.00	270

◎任务要求

根据 ABC 分类法，分类管理上述物品。

◎任务实施

在存货中，一些物品总进出库频繁，一些物品价格高、资金占用金额大，而另一些物品存储期长或者价格低廉。如果采用相同存货方法管理所有物品，显然管理的难度和强度就会很大，而且不符合经济原则。因而应采用有区别的、轻重缓急明确的管理方法。ABC 分类法以及 CVA 管理法就是依据一定原则分类众多事物的方法。

一、什么是 ABC 分类法

ABC 分类法在库存控制和货位优化中起着重要作用。这里所讲的 ABC 分类法又称帕累托分析法或巴雷托分析法，主要以控制存货资金为原则分类库存物品，并根据不同资金占用量和物品品目类别实施不同管理方法。

一般把那些单价高、资金占用金额大、品种少的物品归为 A 类，把单价低、资金占用金额小、品种多的物品归为 C 类；介于二者之间的物品归为 B 类。A 类物品是库存管理的重点对象。

二、案例分析

例：某连锁专营店日常销售 20 种物品，各物品库存占用资金量见表 2-40。

表 2-40　某店 20 种物品及库存占用资金量

物品名称	1	2	3	4	5	6	7	8	9	10
占用资金/万元	96	44	18	12	6	4	3	2.9	2.5	2.2
物品名称	11	12	13	14	16	16	17	18	19	20
占用资金/万元	2	1.8	1.5	1.2	0.6	0.6	0.5	0.4	0.3	0.1

ABC 分类该店销售的 20 种物品，并确定不同库存管理方法。其方法如下：

首先，计算出各物品品目占物品品目总和的比重和各物品占用金额在库存资金总量中所占比重。

其次，用较小制（自高值向低值）累计各物品品目及所占金额的比重。

再次，把累计结果标注在品目数累计—资金占用累计坐标中。

最后，将资金占用量累计超过 70%、品目数累计低于 10% 的物品列为 A 类；资金占用量累计在 90%~100% 而品目数累计在 30%~100% 的物品列为 C 类；其余为 B 类，见表 2-41。

表 2-41　某店 20 类物品的 ABC 分类

品目名称	占用资金额/万元	所占比重/%		比重累计/%		分类
		品目	金额	品目	金额	
1	96	5	48	5	48	A
2	44	5	22	10	70	A
3	18	5	9	15	79	B
4	12	5	6	20	85	B
5	6	5	3	25	88	B
6	4	5	2	30	90	B

品目名称	占用资金额/万元	所占比重/%		比重累计/%		分类
		品目	金额	品目	金额	
7	3.0	5	1.50	35	91.50	
8	2.9	5	1.45	40	92.95	
9	2.5	5	1.25	45	94.20	
10	2.2	5	1.10	50	95.30	
11	2.0	5	1.00	55	96.30	
12	1.8	5	0.90	60	97.20	
13	1.5	5	0.75	65	97.95	C
14	1.2	5	0.60	70	98.55	
15	1.0	5	0.50	75	99.05	
16	0.6	5	0.30	80	99.35	
17	0.5	5	0.25	85	99.60	
18	0.4	5	0.20	90	99.80	
19	0.3	5	0.15	95	99.95	
20	0.1	5	0.05	100	100	
合计	200	100	100	—		

分类结果见表2-42。

表 2-42　ABC 分类结果

类别(品目)	A(1,2)	B(3,4,5,6)	C(其余)
品目所占比重/%	10	20	70
金额所占比重/%	70	20	10

三、ABC 三类物品的库存管理要点

A 类物品作为库存管理的重点对象,应定期订货,定期盘点库存,尽量减少安全库存,必要时紧急补货。

B 类物品应采取适当、简单的管理措施,以定量订货法为主,辅以定期订货法;提高安全库存;可用三堆法等简单的管理措施。

C 类物品应采用简化管理方式,采用较高的安全库存,减少订货次数,用双堆法等简单的管理措施。

不同类别商品存储策略见表2-43。

表 2-43　不同类别商品存储策略

类别	A	B	C
价值	高	中	低
管理重点	1.准确的需求预测和详细的采购计划； 2.严格的库存控制； 3.严格的物流控制和后勤保障； 4.突发事件准备； 5.供应商店合作	1.选择供应商； 2.建立采购优势； 3.管理目标价格； 4.优化订购批量； 5.最小库存； 6.供应商竞争与合作	1.物品标准化； 2.订购批量优化； 3.库存优化； 4.业务效率； 5.供应商竞争与合作
订货量	少	较多	多
订货方式	定期、定量按经济订购批量订购	定量订货	按经验订货，可采用订货双堆法管理库存
检查方式	经常检查和盘点	一般检查和盘点	按年度或季节检查、盘点
记录	最准确、最完整	正常记录	简单记录
统计方法	详细统计、按品种等细项统计	按大类统计	按金额统计
安全库存	低，较大	允许较高	允许较高

任务三 经济订购批量

◎学习目标

1.了解经济订购批量法的基本含义。

2.掌握经济订购批量法的基本原理。

3.能正确运用经济订购批量法解决仓储管理的问题。

4.培养学生的成本意识和职业素养。

◎任务导入

某公司根据计划每年需采购甲零件 30 000 个。甲零件的单位购买价格是 20 元,每次订购的成本是 240 元,每个零件每年的仓储保管成本为 10 元。

◎任务要求

甲零件的经济订购批量,最低年总库存成本,每年的订货次数及平均订货间隔周期。

◎任务实施

经济订货批量(Economic Order Quantity,EOQ)是指通过费用分析求得在库存总费用最少时的每次订货购批量,用以解决独立需求物品的库存控制问题。企业的合理存货量标准是既能满足生产经营活动的正常进行,又能使存货规费的总成本最低,这个合理的存货量取决于经济订购批量的确定,于是 EOQ 得到了广泛的应用。

年度总成本=年度进货成本+年库存保管费+年订货费+年缺货费

(1)进货成本与购买成本(采购成本)

进货成本与购买成本是指在采购过程中所发生的费用,包括所购物资的买价和采购费用。该成本取决于进货的数量和进货的单位成本。在没有数量折扣的条件下,进货成本与购买成本是企业无法控制的成本。

(2)保管成本(库存保管费)

保管成本是指存货在储存过程中发生的费用。存储成本包括货物占用资金应付的利息、货物损坏变质的支出、仓库折旧费、维修费、仓储费、保险费、仓库保管人员工资等费用。

(3)订货成本(订货费)

订货成本是指订货过程中发生的与订货有关的全部费用,包括办公费、差旅费、订货手续费、通信费、招待费以及订货人员的工资等。订货成本可分为固定性订货成本和变动性订货成本两部分。

订货成本的特点是在一次订货中,订货成本与订货量的多少无关。总订货成本与订货次数有关,订货次数越多,总订货成本越高。

(4)缺货成本

缺货成本是指因存货不足而造成的损失,包括由于材料供应中断造成的停工损失、丧失销售机会的损失等。

年度总成本公式如下:

$$TC = DP + \frac{DC}{Q} + \frac{QK}{2} + \frac{VH}{2}$$

式中　D——年需求量;

$\quad\quad V$——年缺货量;

$\quad\quad H$——单位产品年保管费;

$\quad\quad C$——每次订货量;

$\quad\quad P$——产品价格;

$\quad\quad Q$——每次订货批量;

$\quad\quad K$——缺少单位产品的年费用;

$\quad\quad Q/2$——平均存储量。

一、不允许缺货的经济批量

为了确定经济订货批量,先做一些假设:需求均衡、稳定,年需求量为固定常数;存储成本和单价固定不变;订货提前期不变;每次订货批量一定;每次订货费用为常数;不存在缺货方面的问题;库存补充过程瞬间完成。

$$EOQ = \sqrt{\frac{2DC}{K}} = \sqrt{\frac{2DC}{PF}}$$

$$TC = DP + \frac{DC}{Q} + \frac{QK}{2}$$

式中　F——年保管费率。

年订货次数　　　　　　　　$N = \frac{D}{Q}$

订货周期　　　　　　　　　$T = \frac{365}{N}$

订货周期中的365是一个概数,当没有明确要求时,一年按365天计算,有明确要时,按要求的天数计算,如一年按260个工作日计算等。

二、允许缺货的经济批量

实际工作中,企业的生产活动都是不均衡的,往往会由于生产或其他原因而临时增大用量。同时企业从订货到货物到达有一个时间间隔,供货单位有时会因为各种原因而延期发货,从而不可避免地发生缺货,这时批量是指使采购成本、库存保管费、订货费、缺货费四者之和的总成本最小的批量。

$$EOQ = \sqrt{\frac{2DC}{K}} + \sqrt{\frac{H+K}{H}}$$

$$TC = DP + \frac{DC}{Q} + \frac{QK}{2} + \frac{VH}{2}$$

三、有数量折扣的经济批量

以上两种情况是在物品采购单位不变的情况下进行的。但现实中,为了鼓励购买者大批量采购,通常采用数量折扣的办法,即购买者买进商品达到一定数量时可享受一定程度的价格优惠,一次订购量越多,折扣就越大。数量折扣对购买者的影响是:增加采购量,减少了采购成本,并由于采购量增大而减少了采购次数,从而降低了订货成本;但大量购买必然增加储备,增加储存成本。

因此,在有数量折扣的情况下,经济订购量应是采购成本、库存保管费、订货费之和达到最低水平的订货量。

用"相关成本比较法"对比不同单价下的相关成本最低的订货量作为经济订货批量。

通过引入案例可知,某公司甲零件采购不允许缺货,用经济订购批量法确定订购批量、订购间隔、订购成本步骤如下:

$$Q^* = \sqrt{\frac{2CD}{H}} = \sqrt{\frac{2CD}{PF}} = \sqrt{\frac{2 \times 240 \times 30\,000}{10}} = 1\,200(\uparrow)$$

每年的总库存成本:

$$TC = DP + \frac{D}{Q^*}C + \frac{Q^*}{2}H = 30\,000 \times 20 + \frac{30\,000}{1\,200} \times 240 + \frac{1\,200}{2} \times 10 = 612\,000(元)$$

或

$$TC = DP + HQ^* = 30\,000 \times 20 + 10 \times 1\,200 = 612\,000(元)$$

每年的订货次数:

$$n = \frac{D}{Q^*} = \frac{30\,000}{1\,200} = 25(次)$$

平均订货间隔周期:

$$T = \frac{365}{25} = 14.6(天)$$

通过计算,某企业甲零件在经济订购批量为 1 200 个,年订购总成本为 612 000 元,年订购次数为 25 次,平均订购间隔周期为 15 天。

任务四 MRP 逻辑运算

◎学习目标

1.了解 MRP 逻辑运算的原理。

2.掌握 MRP 逻辑运算。

3.能正确运用 MRP 逻辑运算解决仓储问题。

4.培养学生的快速反应、节约成本的职业素养。

◎任务导入

何为快速响应？响应什么？需求。

上海大众汽车制造公司如何响应？快速组织各种资源。

原材料、零部件、人力、资金、生产能力中，哪些与物理配送有关？物料的组织能力。

谁来供货？运输能力,物质资料的地理转移。

这些都是物质需求计划逻辑运算需解决的问题。

◎任务要求

运用物质需求计划逻辑运算解决仓储问题。

◎任务实施

一、MRP 概述

物资需求计划(Material Requirement Planning,MRP)即根据产品结构各层次物品的从属和数量关系,以每个物品为计划对象,以完工时期为时间基准倒排计划,按提前期长短区别各物品下达计划时间的先后顺序。物资需求计划是一种工业制造企业内物资计划管理模式。

预测市场需求,根据顾客订单制订产品的生产计划,然后基于产品生成进度计划组成产品的材料结构表和库存状况,计算机计算所需物料的需求量和需求时间,从而确定材料的加工进度和订货日程。

MRP 主要回答 3 个问题:需要什么？需要多少？何时需要？

二、MRP 的特点

1.需求的相关性

在流通企业中,各种需求往往是独立的。而在生产系统中,需求具有相关性。例如,根据订单确定所需产品的数量之后,由新产品结构文件物料清单(Bill of Material,BOM)即可推算出各种零部件和原材料的数量,这种根据逻辑关系推算出来的物料数量被称为相关需求。不但品种数量有相关性,而且需求时间与生产工艺过程也是相关的。

2.需求的确定性

MRP 的需求都是根据主产品进度计划、产品结构文件和库存文件精确计算出来的,品种、数量和需求时间都有严格要求,不可改变。

3.计划的复杂性

MRP 要根据主产品的生产计划、产品结构文件、库存文件、生产时间和采购时间,把主产品的所有零部件需要数量、时间、先后关系等准确计算出来。当产品结构复杂、零部件数量特别多时,其计算工作量非常庞大,人力根本不能胜任,必须依靠计算机。

三、MRP 需要的基本数据

制订物料需求计划前,必须具备以下基本数据。MRP 逻辑关系如图 2-20 所示。

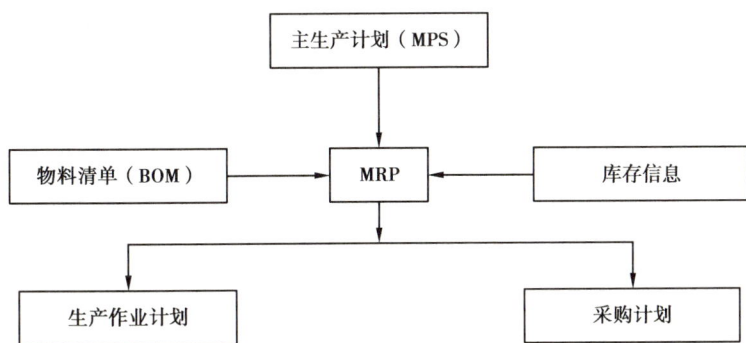

图 2-20　MRP 逻辑关系

第一项数据是主生产计划(MPS),它指明在某一计划时间段内应生产出的各种产品和备件,制订物料需求计划时,它是最重要的数据来源。

第二项数据是物料清单(BOM),它指明了物料之间的结构关系以及每种物料需求的数量,在物料需求计划系统中,它是最为基础的数据。

第三项数据是库存文件,它把每个物料品目的现有库存量和计划接受量的实际状态反映出来。

第四项数据是提前期,决定着每种物料何时开工、何时完工。

应该说,这四项数据都是至关重要、缺一不可的。缺少其中任何一项或任何一项的数据不完整时,物料需求计划都将是不准确的。因此,在制订物料需求计划前,这四项数据都必须完整地建立,而且保证是绝对可靠的、可执行的数据。

四、MRP 的组成

MRP 主要分为输入、计算处理、输出 3 个部分。

（一）MRP 的输入

MRP 的输入主要有 3 个数据来源，即主生产计划、物料清单和库存记录文件。

1. 主生产计划

主生产计划是在一定时间段内企业将要生产的产品品种和数量。

表 2-44 为主生产计划示例，它表示产品 A 的计划出产量为第五周 10 台、第八周 15 台；产品 B 的计划出产量为第四周 13 台、第七周 12 台；配件 C 计划第一周至第九周各出产 10 件。

表 2-44　产品资料表

周次	1	2	3	4	5	6	7	8	9
产品 A／台					10			15	
产品 B／台				13			12		
产品 C／台	10	10	10	10	10	10	10	10	10

2. 物料清单

物料清单通常称为产品结构文件或产品结构树，物料清单不仅反映了物料、零部件的数量组成，而且反映了产品的制造顺序。物料清单中，物料的层次码反映了物料在整个产品中的位置。当一个零部件有一个以上层次码时，应以它的最低层码（数字最大者）为其低层码，这称为低层码处理。

3. 库存记录文件

库存记录文件又称为库存状态文件。库存记录文件提供成品、半成品、在制品、原材料等物料项目的订货信息和用量信息。

一般每种物料的库存记录文件由以下 3 个部分组成。

①物料数据段，记载物料名称、价格、提前期、订货批量、安全库存与数据。

②库存状态段，记录数量和位置。

③辅助数据段，记录订单详细情况和其他事项。

（二）MRP 的输出

MRP 系统（计算机处理系统）依据主生产计划、物料清单和库存信息，计算物料需求计划后，根据能力需求计划等系统，平衡企业资源能力和生产能力，最后输出计划报告。

MRP 输出的报告通常分为主报告（Primary Reports）和辅报告（Secondary Reports）。

主报告包含各种用于物料生产、订购和库存管理的报告，如生产指令、订货指令、订单更改指令或报告等。

辅报告包括四大类：库存和需求预测报告、生产和订货差异报告、指出严重偏差的例外报告、辅助财务分析报告。

五、MRP 计算步骤

一般来说,制订物料需求计划时,先根据主生产计划导出有关物料的需求量与需求时间,然后根据物料的提前期确定投产或订货时间的计算思路。其基本计算步骤如下。

(一)计算物料的毛需求量

根据主生产计划、物料清单得到第一层级物料品目的毛需求量,根据第一层级物料品目计算下一层级物料品目的毛需求量,依次往下计算到最低层级原材料毛坯或采购件。

(二)净需求量计算

根据毛需求量、可用库存量、已分配量等计算每种物料的净需求量。

(三)批量计算

相关计划人员对物料生产作出批量策略决定,不管采用何种批量规则或不采用批量规则,净需求量计算后,都应该表明有否批量要求。

(四)安全库存量、废品率和损耗率等计算

相关计划人员规划是否要对每个物料的净需求量作上述 3 项计算。

(五)下达计划订单

通过以上计算,根据提前期生成计划订单。物料需求计划所生成的目录订单,要通过能力资源平衡确认后,才能开始正式下达计划订单。

(六)再一次计算

物料需求计划再次生成大致有两种方式,第一,重新计算库存信息,同时覆盖原来计算的数据,生成全新的物料需求计划;第二,在制订、生成物料需求计划的条件发生变化时,相应地更新物料需求计划有关部分记录。这两种生成方式都有实际应用的案例,至于选择哪一种,要看企业的实际条件和状况。

六、MRP 的优点

增加产品的销售量,降低成本,减少库存,改进用户服务水平,降低停工损失,减少空闲时间。

基础练习

一、判断题

1.安全库存指企业在正常经营环境中为满足日常需要而建立的库存。　　　　　(　　)

2.库存是"万恶之源",因此,所有库存都是没有必要的。　　　　　(　　)

3.实现真正意义上的零库存是不可能的。　　　　　(　　)

4.在定量订货方式中,订货点主要取决于生产率和订货、到货间隔时间这两个要素。

　　　　　(　　)

5.主生产计划是 MRP 系统的输出内容。 (　　)

二、选择题

1.在 ABC 分类法中,A 类物品的库存控制策略是(　　)。

　　A.严密控制,每月检查一次　　　　　B.一般控制,每 3 个月检查一次

　　C.自由处理　　　　　　　　　　　D.严密控制,随时检查

2.MRP 系统的输入部分不包括(　　)。

　　A.库存文件　　　B.原材料需求计划　　C.主生产计划　　　D.产品结构文件

3.经济订购批量模型是通过平衡(　　)和保管仓储成本,确定最佳订货数量和订货次数,实现最低总库存成本的方法。

　　A.生产成本　　　B.分销成本　　　　C.运输成本　　　　D.采购进货成本

4.EOQ 是(　　)。

　　A.经济订购批量　　B.定期订货法　　　C.定量订货法　　　D.物料需求计划

5.MRP 系统具有的优点是(　　)。

　　A.计划不会与实际偏差　　　　　　B.最大限度地降低在制品库存

　　C.鼓励作业提前完成　　　　　　　D.前置时间不随作业的优先顺序变化

实训练习

1.实训目标:掌握经济订货批量、订货点和年总成本。

实训内容:已知年需求量为 10 000 件,订货成本为 100 元/次,储存成本为 2.5 元,订货提前期为 10 天,产品单价为 25 元/件(一年为 365 天)。

实训要求:请计算经济订货批量、订货点和年总成本。

2.实训目标:掌握 ABC 分类法。

实训内容:某电子商务企业保持 10 种商品库存,有关资料见表 2-45。

表 2-45　10 种商品的库存资料

商品编号	单价/元	需求量/件	商品编号	单价/元	需求量/件
A	4.00	300	F	2.00	150
B	8.00	1 200	G	6.00	40
C	1.00	290	H	2.00	700
D	2.00	140	I	5.00	50
E	1.00	270	J	3.00	2 000

实训要求:请用 ABC 分类法将这 10 种商品分类,并提出保管要求。

模块三

仓储经营管理

项目一 仓储安全管理

任务一 治安保卫工作

◎学习目标

1.了解治安保卫工作的内容。

2.掌握仓库治安保卫工作的制度。

3.培养学生的责任意识和安全意识。

◎任务导入

门卫、值班、巡查安全管理制度。

1.目的

进一步落实"安全第一,预防为主"方针,切实保卫公司的安全,落实安全工作责任制。

2.内容

①门卫人员必须时刻提高警惕,严防不法分子混入公司。

②来人、来客时,要礼貌、热情接待,均须办理登记、会客手续,门卫人员应认真查验来人的合法身份证件,无身份证件、未经安全部门同意不得进入。

③外来人员从公司内携带物资出门时,门卫人员有权查问、查看。可以暂时扣留可疑物资,及时报告有关部门。

④出入公司时,所有车辆必须有出入证,外来车辆进入时,门卫人员应问明来意再开门,随车人员必须办理来客登记手续。

⑤门卫必须着装整齐并配备必要的防范器材。

⑥门卫工作人员应24小时在岗,不擅自脱离岗位。

◎任务要求

在充分考虑仓库安全和人身安全的前提下,如何防止治安事故。

◎ 任务实施

一、治安保卫工作的意义

仓库执行国家安全保卫规章制度,防盗、防抢、防骗、防破坏、防火、防止财产侵害、维护仓库内交通秩序、防止交通意外事故等仓库治安灾难事故,协调与外部的治安保卫关系,维持仓库内货物和人员人身安全。仓库治安保卫管理的原则是:预防为主,严格管理,确保重点,保障安全和主管负责。

◎ 知识链接

仓储安全就是在生产中保证人和物(包括劳动资料和劳动对象)安全,这是仓库生产必须要遵循的基本原则。因为仓储作业存在着一些不安全因素。例如,在装卸、搬运笨重物资时,有碰撞危险;在操作电气设备时,有触电危险;在搬运和保管危险物资时,有中毒、爆炸危险;等等。仓储安全工作关系到国家财产和人民生命安全,是做好仓储业务的基本前提。同时,仓库的安全工作直接影响企业的生存和发展,是仓储工作的首要任务,也是每个工作人员的基本职责。

二、治安保卫工作的内容

仓库的治安保卫工作主要包括防盗、防火、防抢、防破坏、防骗以及员工人身安全保护、保密等。治安保卫工作不仅包括专职保安员承担的工作(如门卫管理、治安巡查、安全值班等),还包括大量可由在岗的员工负责的治安工作(如办公室防火防盗、财务防骗、商务保密、仓库防火、锁门关窗等)。仓库主要治安保卫工作及要求如下。

(一)守卫大门和要害部门

大门是仓库的第一道防线。仓管员除了要开关大门、限制无关人员、接待入库办事人员并及时审核身份与登记以外,还要检查入库人员是否携带火源、易燃易爆物品,检查入库车辆的防火条件、放行条内容是否相符,收留放行条,查问和登记出库人员随身携带的物品,特殊情况下有权检查当事者物品、封闭大门。在危险品仓、贵重品仓、特殊品仓等要害部位,须安排专职守卫,限制无关人员,防止危害、破坏和失窃。

(二)治安检查

治安责任人应按规章准则经常检查治安保卫工作。实行定期检查与不定期检查相结合制度。班组每日检查,部门每周检查,仓库每月检查,及时发现治安保卫漏洞、安全隐患,消除各种隐患。

(三)巡逻检查

一般由两名保安员共同巡逻检查。保安员携带保安器械和强力手电筒不定时、不定线、经常巡视整个仓库。保安员应查问可疑人员、检查各部门的防卫工作、关闭无人办公的办公室、关闭仓库门窗、关闭电源、禁止挪用消防器材、检查仓库内异常现象、检查停留在仓库内过夜车辆是否符合规定等,巡逻检查中,情况不符合治安保卫制度要求时,应采取相应措施处理或者告知主管部门。

(四)使用防盗设施、设备

仓库的防盗设施大至围墙、大门、防盗门,小到门锁、窗。仓库应该根据法规规定和治安保管的需要设置和安装这些设施。除了专职保安员的警械外,仓库使用的防盗设备主要包括视频监控设备、自动报警设备、人工报警设备。仓库应按照规定合理利用配置的设备,派专人负责操作和管理,确保其有效运作。

(五)治安应急

仓库发生治安事件时,采取紧急措施,以防止和减少损失。须制订应急方案,明确应急人员的职责,规定发生事件时信息(信号)发布和传递的方法,在平时要经常演习。

三、治安保卫管理制度

仓库应通过规章制度明确工作规范、工作行为、划分岗位责任;通过制度建立管理系统,及时、顺畅地交流信息,随时堵塞保卫漏洞,确保工作及时、有效。仓库治安规章制度包括安全防火责任制度,安全设施、设备保管使用制度,门卫值班制度,人员、车辆进出库管理制度,保卫人员值班巡查制度等。

为了执行治安保卫规章制度,规章制度须有相对的稳定性,使每一位员工都清楚,以便有效执行和严格行事。随着行业发展、技术革新、环境变化,规章制度要适应新的需要、相应修改。仓库须依据国家法律、法规,结合仓库治安保卫的需要,以保证仓储高效率、确保仓储安全、防止治安事故为目的,科学地制订治安保卫规章制度。仓库的规章制度不得违反法律,不能侵害公民人身权或者其他合法权益,最大限度地避免治安事故影响社会秩序。

任务二　仓库消防安全

◎学习目标

1.了解火灾的类型。

2.掌握仓库防火的措施。

3.掌握灭火的方法和灭火器的使用。

4.培养学生的责任意识和安全意识。

◎任务导入

青岛山海通国际物流园仓库火灾

2021年7月14日5时24分,山东青岛黄岛区眉峰路山海通国际物流园仓库起火,巨大的烟柱直冲云霄,现场浓烟滚滚。火势迅猛,燃烧17个小时,截至7月14日22时30分,物流公司仓库明火已全部扑灭。青岛支队指挥中心一次性调派8个消防救援站、23辆消防车、138名指战员到场处置,支队全勤指挥部遂行出动。5时35分,参战力量相继到场,经侦察,仓库为单层钢结构,无毗邻建筑,总建筑面积约8 000平方米,过火面积约900平方米,起火物主要为橡胶、聚乙烯颗粒,燃烧后产生较大浓烟,无人员伤亡。

◎任务要求

结合仓库所存储物品的特性,在保证物品和人身安全的前提下,正确采取防火和灭火措施。

◎任务实施

应认真执行"以防为主、以消为辅、消防结合"方针,采取积极有效的措施,加强防范,消除火灾隐患,杜绝火灾,保证储存物品的安全。

一、仓库火灾基本知识认知

(一)火灾

火灾必须同时具备3个条件:可燃物、助燃物和火源。可燃物包括木材、纸张、汽油、酒精、氢气、金属钠和镁等。助燃物包括空气、氧、氯、氯酸钾、高锰酸钾和过氧化钠等。最常见的火源包括明火焰、赤热体、火星和电火花等。这3个条件必须同时具备且相互作用。因此,同一切防火措施一样,仓库防火和灭火的基本原理都是破坏燃烧的条件。

(二)火灾分类

火灾类型见表3-1。

表3-1 火灾类型

分类	项目	示例
A类火灾	固体物质火灾,在燃烧时一般能产生灼热的余烬	木材、棉、毛麻、纸张火灾等
B类火灾	液体火灾和可熔化的固体物质火灾	汽油、炼油、柴油、原油、甲醇、沥青、石蜡火灾等
C类火灾	气体火灾	煤气、天然气、甲烷、乙烷、丙烷、氯气火灾等
D类火灾	金属火灾	钾、钠、镁、锂、钛、铝镁合金火灾等
E类火灾	带电火灾	带电电器火灾
F类火灾	烹饪器具内烹饪物火灾	动植物油脂火灾

(三)火源的种类

1.明火与明火星

明火与明火星指生产、生活中使用的炉火、灯火、焊接火、火柴、打火机火焰、未熄灭的烟头、火柴梗的火星,以及车辆、内燃机的排烟管火星、飘落的未熄灭的烟花爆竹等。

2.电火花

电火花指电线短路、用电超负荷、漏电引起的电路电火花、电器设备的电火花、电器设备升温等引起的燃烧。

3.雷电与静电

雷电是带有不同电荷的云团接近时瞬间放电而形成的电弧,电弧的高能量能引起可燃物燃烧。静电则是因为摩擦、感应使物体表面电子大量集结、向外以电弧的方式传导的现象,同样能使易燃物燃烧。

4.自燃

自燃是指在既无明火又无外来热源的条件下,货物本身自行发热,燃烧起火。

5.加热引起的火灾

加热引起的火灾如棉布、纸张靠近灯泡或木板、木器靠近火炉烟道并被烤焦起火等。

二、防火的措施

防火的基本原则是:提高警惕,防止破坏,严格遵守各项安全操作规程和安全保卫制度,消除火灾隐患。具体措施如下。

①加强全体职工安全防火教育。

②在规定禁止明火的工地和库区内严禁明火和吸烟。库区要有"禁止吸烟"明显字样，库内严禁携带火种。

③若要在库内或库外明火作业，必须经保卫部门批准并保证在安全条件下作业，作业完毕后，应彻底消灭明火残迹，防止死灰复燃。

④维修、检查库内电线、电器设备，防止短路或超负荷运转。

⑤仓库应安装避雷装置，库内必须有防火通道。

⑥库房周围不准堆放柴草及易燃、易爆物品。仓库应定期检查，并铲除库房四周的杂草。

⑦一定要根据性质不同并按灭火方法不同分开存放物资。存储危险品时，仓库还要注意通风，保持设备容器的完整性、可靠性、密封性，防止渗漏，及时消除遗留在地面上的危险品。

⑧每个职工都应熟记火警电话，以便发生火情时通知消防部门。

三、灭火的方法

必须根据当时火灾现场的环境和需要，恰当地运用各种灭火方法。

(一)隔离法

将燃烧物与其周围的可燃物隔离或把周围可燃物移开，把火控制在一定的范围内。

(二)窒息法

阻止空气流入燃烧区域，使其周围空气的氧浓度低于物质燃烧条件，从而使燃烧终止。例如，将不燃烧的砂子、石棉布、浸透水的毛毯等覆盖在燃烧物上。

(三)冷却法

降低燃烧区温度，使其温度下降到可燃物质的燃点以下而使火熄灭。例如，用水冷却火源。

(四)拆除法(破坏法)

用人力拆除部分建筑。当不能用水灭掉火场毗连的一小部分建筑物中的火时，可以用挠钩斧、铲等拆除建筑物，并用拆除的泥土、瓦、石等灭火。

(五)分散法

将燃烧区和火场附近尚未燃烧的可燃物质搬走，分散可燃物质，以破坏燃烧条件。

(六)化学中断法

用化学物品使可燃气体转化并依靠连锁反应阻止火焰燃烧，使火熄灭，如用1211、干粉等灭火。

(七)不能用水扑救的火灾

水是常用的灭火物质，但有一定的使用范围，下列火灾不能用水扑救。

①易燃液体和油类物质。如汽油、苯、煤油等易燃液体的比重一般都比水小，又不溶于

水,着火时,若用水扑救,这类物质往往浮到水面上继续燃烧。

②忌水物质。如电石、生石灰、金属钾、钠等着火。这些物质能与水发生强烈的化学反应,产生大量热或产生能自燃的气体,使火势更加炽烈,甚至爆炸。

③电气设备或带电系统着火。如未切断电源,用水扑救时,会触电或爆炸。

④火势大、水不足。少量水遇热后会急剧地变成水蒸气,通过灼热的焦炭时,水蒸气还原成一氧化碳和氢的混合物,即水煤气,水煤气是可燃气体,会使火势更大。

⑤不能用水扑救精密仪器。高温的仪器被水急骤冷却后产生变形,影响仪器的精密度和灵敏度。

四、几种常见的灭火器及使用

(一)几种常见的灭火器(图3-1)

1.泡沫灭火器

泡沫灭火器筒内酸性溶液与碱性溶液混合,发生化学反应,喷射出泡沫,泡沫覆盖在燃烧物表面上,隔绝空气,起到灭火作用。泡沫灭火器适用于扑救油脂类、石油产品及一般固体物质初始火灾。

2.酸碱灭火器

酸碱灭火器是利用浓硫酸和碳酸氢钠两种药液混合,喷射液体扑灭火焰。适用于扑救竹、木、棉、毛、草、纸等一般可燃物质初起火灾,但不宜用于油类、忌水、忌酸物质及电气设备火灾。

3.干粉灭火器

干粉灭火器以高压二氧化碳作为动力,喷射干粉灭火剂。适用于扑救石油及其产品、

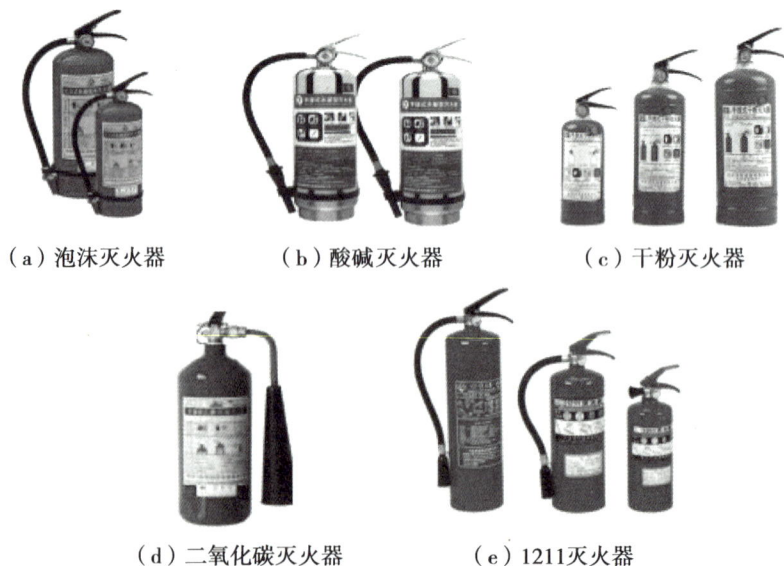

(a)泡沫灭火器　　　(b)酸碱灭火器　　　(c)干粉灭火器

(d)二氧化碳灭火器　　　(e)1211灭火器

图3-1　灭火器类型

可燃气体和电器初起火灾。

4.二氧化碳灭火器

二氧化碳灭火器主要适用于扑救贵重设备、档案资料、仪器仪表、600 V以下电器及油脂火灾。二氧化碳不导电、不损害物质、不留污迹,但在室外效果欠佳。

5.1211灭火器

1211灭火器是一种轻便、高效的灭火器材,适用于扑救油类、精密机械设备、仪表、电子仪器、文物、图书、档案等贵重物品初始火灾。

(二)使用消防设施

在火灾初起时,要正确使用灭火器及消防栓。

1.使用手提式灭火器

①使用灭火器时,距燃烧点1.5 m处停下。

②拔出保险销。

③一只手握住开启压把,另一只手扶住灭火器的底圈部分,喷嘴对准着火点。

④在上风位置,用力压下开启压把,将灭火剂射入火焰根部。

⑤待火熄灭后,用水冷却除烟。

灭火器的使用说明,如图3-2所示。

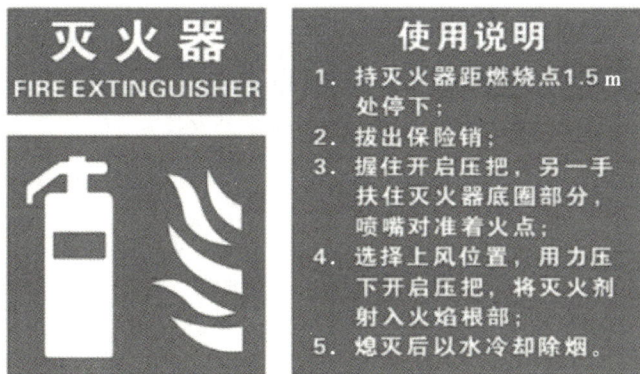

图3-2　灭火器的使用说明

2.使用消防栓

①打开或击碎箱门,取出消防水带。

②展开消防水带。

③将水带一头接到消防栓接口上。

④将另一头接上消防水枪。

⑤另一人打开消防栓水阀开关。

⑥对准火源根部灭火。

消防栓的使用方法,如图3-3所示。

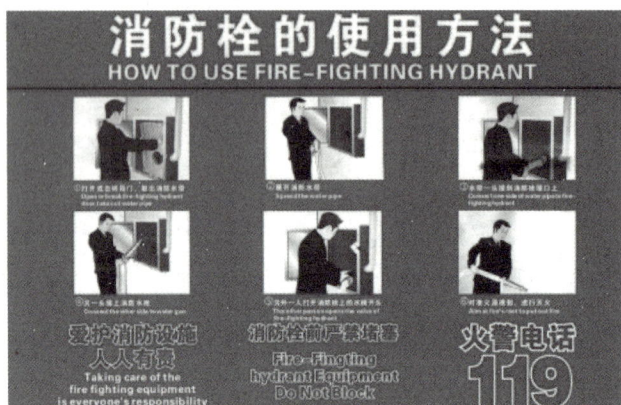

图3-3　消防栓的使用方法

在使用灭火器、消防栓时,必须拨打火警电话,保证及时、有效地扑救火灾。拨打"119"火警电话报警时必须讲清以下内容。

①发生火灾单位或个人的详细地址(包括街道或名称、门牌号码,周围有何明显建筑或单位;农村要讲明乡(镇)、村庄名称;大型企业要讲明分厂、车间或部位;高层建筑要讲明第几层楼等)。

②起火物。讲清楚燃烧的物品,如化工原料、油类等。

③火势情况。如看见冒烟,看到火光,火势猛烈,有多少房屋着火等。

④报警人姓名及所用的电话号码,以便消防部门及时电话了解火场情况、调集灭火力量,如在大的居民新村,还应派人到路口接应消防车。

任务三 仓库安全作业

◎学习目标

1.了解仓库安全作业的基本要求。

2.能依据安全作业要求组织及管理仓库作业。

3.培养学生的责任意识和安全意识。

◎任务导入

某厂设备改造时,一名非起重人员使用未经检验的电动葫芦并擅自拆除其上升限位,当吊物(重 761 kg)提升到顶时,钢丝绳过卷扬被拉断,吊物坠落。因为起重作业点位于通道上,未设围栏及警告标志,也未设专人看护,吊物将一途经人员砸死。

◎任务要求

在保证作业人员及相关人员人身安全、物品安全的前提下,按照机械作业操作规范及人力安全作业要求,完成相关仓储作业任务。

◎任务实施

一、仓储安全作业的基本要求

在物资装卸、搬运、堆码、用电等方面操作机械设备的过程中,仓库都规定了安全操作要求。

(一)人力作业安全

①人力作业安全仅限制了轻负荷的作业。男工人搬举货物每件不超过 80 kg,距离不大于 60 m。集体搬运时,每个人负荷不超过 40 kg;女工不超过 25 kg。

②尽可能采用人力机械作业。人力机械承重应在限定范围内,如人力绞车、滑车、拖车、手推车等承重不超过 500 kg。

③只在适合作业的安全环境里作业。作业前,应让作业员工清楚作业要求,了解作业环境并指明危险因素和危险位置。

④作业人员按要求穿戴相应的安全防护用具,使用合适的作业工具,采用安全的作业方法,不采用自然滑动和滚动、推倒垛、挖角、挖井、超高等不安全作业方法,不在滚动货物的侧面作业。人员与操作机械配合,在机械移动作业时,人员须避开。

⑤合理安排工间休息。每作业 2 h 至少休息 10 min,每作业 4 h 休息 1 h。

⑥必须专人在现场指挥和安全指导,严格按照安全规范指挥,人员要避开不稳定货垛的正面,避开塌陷、散落的位置及运行设备的下方等不安全位置;在作业设备调位时,暂停作业;发现安全隐患时,及时停止作业,消除安全隐患后方可恢复作业。

(二)机械作业安全

①使用合适的机械设备。尽可能采用专用设备,或者使用专用工具作业。使用通用设备时,必须满足作业需要并防护,如货物捆扎限位等。

②所使用的设备应无损坏。设备不得带"病"作业,设备的承重机件应无损坏,符合使用要求。应在设备的许可负荷范围内作业,绝不超负荷运行。危险品作业时,须降低负荷25%。

③设备作业要由专人指挥。采用规定指挥信号,按作业规范指挥。作业指挥人员应有相应的职业资质。

④汽车装卸时,注意保持安全间距。汽车与堆物距离不得小于 2 m,与滚动物品距离不得小于 3 m。多辆汽车同时装卸时,直线车距前后不得小于 2 m,并排两车侧板距离不得小于 1.5 m。汽车装载时,应固定妥当、绑扎牢固。

⑤移动吊车必须在停放稳定后作业。不得直接叉运压力容器和未包装货物;在载货时,移动设备须控制行驶速度,不可高速行驶。货物不能超出车辆两侧 0.2 m,禁止两车共载一物。

⑥载货移动设备上不得载人。除了连续运转设备如自动输送线外,其他设备须停稳后作业,不得在运行中作业。

⑦要例行保养。设备维护保养一般应达到 4 个要求:齐备、润滑、清洁、安全。

二、安全作业的管理内容

仓储作业安全管理是经济效益管理的组成部分。作业安全涉及货物的安全、作业人员人身安全、作业设备和仓库设施的安全。仓库安全作业的管理工作应包括以下 3 个方面。

(一)安全操作管理制度化

安全作业管理应成为仓库日常管理的主要项目。制度化管理保证管理的效果,制订科学合理的各种作业安全制度、操作规程和安全责任制度,并严格监督,确保管理制度有效和全面执行。

(二)加强劳动安全保护

劳动安全保护包括直接和间接实施于员工人身安全的保护措施。仓库要遵守《中华人民共和国劳动法》中的劳动时间和休息规定,每日工时 8 h、每周不超过 44 h,依法安排加班,保证员工休息时间足够,包括工间休息。提供合适和足够的劳动防护用品,如高强度工作鞋、安全帽、手套、工作服等,并督促作业人员使用和穿戴。

采用具有较高安全系数的作业设备、作业机械,作业工具应符合作业要求,作业场地的通风、照明、防滑、保暖等作业条件必须合适。不冒险作业和禁止在不安全环境下作业。在大风、雨雪影响作业时,暂缓作业。避免人员带伤病作业。

(三)重视作业人员的资质管理、业务培训和安全教育

新参加仓库工作和转岗的员工,应接受仓库安全作业教育和所从事作业的安全作业和操作培训,确保熟练掌握岗位安全作业技能和规范。从事特种作业的员工必须经过专门培训并取得特种作业资格,且仅从事其资格证书限定的作业项目,不混岗作业。安全作业宣传和教育是仓储管理的长期工作,作业安全检查是仓库安全作业管理的日常工作。不断宣传,严格检查,严厉地惩罚违章和忽视安全行为的人员,强化作业人员的安全。

基础练习

一、判断题

1.可燃金属火灾属于 C 类火灾,如钾、钠、镁等燃烧。　　　　　　　　　(　　)

2.泡沫灭火剂的主要作用是隔离和冷却。　　　　　　　　　　　　　　(　　)

3.仓储安全管理主要是仓储消防管理,其他无足轻重。　　　　　　　　　(　　)

4.人工作业时,应每 4 h 休息 1 h。　　　　　　　　　　　　　　　　(　　)

5.生石灰着火时,可用水扑救。　　　　　　　　　　　　　　　　　　(　　)

二、选择题

1.煤气火灾属于(　　　　)。

　　A.A 类火灾　　　　　B.B 类火灾　　　　　　C.C 类火灾　　　　　　D.D 类火灾

　　E.E 类火灾　　　　　F.F 类火灾

2.(　　　　)不是仓库配送中心灭火的基本方法。

　　A.通风法　　　　　　B.隔离法　　　　　　C.冷却法　　　　　　D.窒息法

3.(　　　　)引起的初起火灾不能用水扑救。

　　A.油类火　　　　　　B.普通火　　　　　　C.电气火　　　　　　D.图书

4.能扑救文物、图书、档案等贵重物品初始火灾的灭火器类型为(　　　　)。

　　A.泡沫灭火器　　　　B.二氧化碳灭火器　　C.干粉灭火器　　　　D.1211 灭火器

5.汽车装卸时,汽车和堆物间距离应为(　　　　)。

　　A.1 m　　　　　　　B.2 m　　　　　　　　C.3 m　　　　　　　　D.4 m

实训练习

2019 年 11 月 9 日 17 时 01 分,上海市应急联动中心接警,位于宝山区蕰川路 3735 号的

上海鑫德物流有限公司(以下简称"鑫德物流公司")仓库发生火灾,火灾造成3人死亡,1人受伤,直接经济损失约1 205.3万元。

鑫德物流公司位于宝山区蕰川路3735号,该址统称为鑫德物流园区。该园区出入口朝向蕰川路开设,园区内共6栋建筑,由南向北依次为办公楼、2号仓库、1号仓库、两栋在建公寓房,西北侧为门卫室和鑫德物流公司办公楼。

起火建筑为1号仓库,共2层,在建筑西南角和西北角各设一部电梯。起火建筑南北长94.2米、共11跨,东西宽38.6米、共4跨,建筑高约13米。起火建筑整体框架为钢结构,四周墙体为砖墙,楼板结构为钢板上浇筑钢筋混凝土,屋顶为彩钢板结构。一层为在建冷库,分为南、北两个库区,均用冷库库板分隔。二层为冷库和普通仓库,存放肉类、海鲜、化妆品辅料、办公用品等物品。

经调查,起火建筑为鑫德物流公司2017年进驻后建造,2018年初建成后,将一层出租给壹米滴答物流公司,二层改造成冷库和普通仓库对外出租。2019年6月,壹米滴答物流公司退租。2019年10月,鑫德物流公司对一层进行冷库改造。鑫德物流公司先后请了高××、潘×、孙××为负责人的三家施工队进行冷库改造,其中高××施工队主要负责冷库制冷设备和管道的焊接安装,潘×施工队主要负责冷库隔板的安装,孙××施工队主要负责冷库保温材料的喷涂施工,施工原材料均由鑫德物流公司提供。

火灾发生时,起火建筑一层南库内,高××、方×、牛××三人正使用升降机进行顶部制冷设备安装施工。其中,高××实施铝排铜管连接的火焊作业,方×实施角铁固定铝排的电焊作业,牛××实施金属管的打孔作业。施工过程中,高××发现方×升降机南侧下方地面处有火,随即呼叫并逃出库区,由于南库内顶部、钢柱、库板均已覆盖裸露的聚氨酯保温材料,火势迅速蔓延扩大,高××使用消火栓出水扑救无效后报警。

项目二 仓储质量管理

任务一 全面质量管理

◎学习目标

1.了解质量管理的基本发展。

2.掌握全面质量管理的基本内涵。

3.能运用全面质量管理的理念控制仓储质量。

4.培养学生的责任意识和质量意识。

◎任务导入

谁该负责任

一家公司外购的进货流程:联系原料供应商后,采购员现场审核重要原料生产厂家的质量管理体系,供货商质量工程师(Supplier Quality Engineer,SQE,负责整个供应商质量,稽核并提高供货商整体过程与出货质量)、品管部门人员一块现场审核一部分原材料,大家一致认可后,才进入报价。原料供应商提供样板,样板合格后,该原料供应商被纳入合格供应商档案,进入批量供货程序,而且采购公司派外检员(Incoming Quality Control,IQC)检验每批进货。

现在,原材料出现质量问题,自己的公司肯定是有责任的,但公司内部责任如何落实?一方说应该由采购员承担主要责任,因为原材料是由他最终下单订购的;另一方说,应该由IQC承担质量责任,因为原材料最终是依据他们的检验标准订购的。到底谁该对原材料的质量负责?该公司的流程是否合理?执行是否得力?

◎任务要求

在仓储管理过程中如何实现全员、全过程管理?

◎任务实施

◎知识链接

质量管理形成并发展为一门科学,是随着社会化大工业发展、科学技术进步以及管理理论和实践发展而逐渐形成和发展的,大致经历了以下5个阶段。

1.20 世纪初到 20 世纪 30 年代

以质量检验把关为主,从半成品或者产品中间挑出废品和次品,是一种事后把关式管理,依靠的是检查人员的经验和责任心。

2.20 世纪 30 年代到 60 年代

这个阶段是统计质量控制阶段。适应生产力大发展要求,利用数理统计原理,分析生产过程,及时发现异常情况,从而采取处理措施,把质量检验由事后把关变成事前控制。

3.20 世纪 60 年代

进入全面质量管理的阶段,开始叫 TQC,后来发展到 TQM。其最主要的特点是,不仅仅抓生产制造质量,更从源头抓起,贯穿于从设计开始到售后服务全过程,要动员全体员工、全体人员来参与,要以顾客为关注中心。因此,全面质量管理意味着全攻全守。

4.20 世纪 60 年代

这同时是质量保证阶段,就是我们所说的 QA。以军工企业为代表,企业把一切应该做的事情订立成质量手册,通过程序文件以及一系列质量表格文件来控制生产,它的观点是,想到就要写到,写到就要做到。用严密的程序手册来保证过程。一直延续到我国 20 世纪 80 年代后期到 20 世纪 90 年代。其中,最典型的就是 ISO 9000 系列标准。

5.21 世纪以后

零缺陷的质量管理,进入质量哲学时代,以美国克劳斯比为代表。克劳斯比主张抓质量,主要是抓住根本——人。人的素质提高了,质量才能真正进步。克劳斯比的目标是,第一次就把事情做对,而且把每次做对作为奋斗方向。

仓储质量管理不仅是企业管理中的一个独立项目,也是贯穿于生产、经营的管理职能。仓储质量管理的含义有广义和狭义之分。

从狭义上讲,它是指应用各种科学原理和科学方法保管保养仓储物资以提高仓储物资的质量管理活动。

从广义上讲,它是指为了最经济的收、发和保管适合使用者要求的物资所采取的各种方法体系,即为了实现仓储产品的质量特征所开展的计划、组织、协调和控制。

全面质量管理(Total Quality Management,TQM)是企业管理现代化、科学化的重要内容。它于20世纪60年代产生于美国,后来在西欧与日本逐渐得到推广与发展。它应用数理统计方法控制质量,使质量管理定量化,变产品质量事后检验为生产过程中的质量控制。全面质量管理类似于日本式全面质量控制(Total Quality Control,TQC)。首先,质量的含义是全面的,不仅包括产品服务质量,而且包括工作质量,用工作质量保证产品或服务质量;其次,TQC是全过程质量管理,不仅要管理生产制造过程,而且要管理采购、设计直至储存、销售、售后服务全过程。

一、全面质量管理内涵

全面质量管理以质量管理为中心,以全员参与为基础,目的在于让顾客满意和本组织所有者、员工、供方、合作伙伴或社会等相关方受益而使组织长期成功。

全面质量管理以产品质量为核心,建立起一套科学、严密、高效的质量体系,以提供满足用户需要的产品或服务。全面质量管理(Total Quality Management,TQM)指一个组织以质量为中心、以全员参与为基础、通过顾客满意和本组织所有成员及社会受益而达到长期成功。在全面质量管理中,质量这个概念和全部管理目标实现有关。

二、全面质量管理的特点

在运用的过程中,全面质量管理的特点如下:具有全面性,控制产品质量的各环节、各阶段;全过程质量管理;全员参与质量管理;全社会参与质量管理;宣传、培训、管理成本较高。

三、全面质量管理分类

(一)为用户服务

在企业内部,凡接收上道工序产品再生产时,下道工序就是上道工序的用户,"为用户服务"和"下道工序就是用户"是全面质量管理的基本观点。控制每道工序的质量,达到提高最终产品质量的目的。

(二)全面管理

所谓全面管理,就是全过程管理、全企业管理和全员管理。

1.全过程管理

全面质量管理要求全面控制产品生产过程。

2.全企业管理

全企业管理的重要特点是,强调质量管理工作,不局限于质量管理部门,企业所属各单位、各部门都参与质量管理工作,共同对产品质量负责。

3.全员管理

把质量控制工作落实到每一名员工,让每一名员工都关心产品质量。

(三)以预防为主

事前控制产品质量,预防事故,使每道工序都处于控制状态。

(四)用数据说话

科学的质量管理,必须依据正确的数据资料加工、分析、处理和找出规律,然后结合专业技术和实际情况,正确判断问题并采取正确措施。

仓储管理中,TQM 理念的体现:以仓储产品的质量为中心,将组织管理、专业技术和统计方法密切结合,以最优的质量、最低的消耗、最佳的服务,使客户满意,运用一定组织体系和科学的管理方法,全员、全过程管理仓储质量。TQM 的基本核心是提高人的素质,调动人的积极性,使人人做好本职工作,提高工作质量,保证和提高产品质量或服务质量。强调TQM,同时,突出、贯彻 ISO 9000 标准。从组织的质量管理总体要求来看,ISO 9000 标准是质量管理的基础,注重过程控制,强调规范化管理。而 TQM 的内容更广泛,它注重结果,强调系统不断改进。两者是基础与发展关系,两者互融互补。

任务二　PDCA 循环法

◎学习目标

1.了解 PDCA 循环的 4 个基本阶段。

2.掌握 PDCA 循环的基本步骤和应用。

3.培养学生的责任意识和质量意识。

◎任务导入

如果要求员工保养设备,我们先做了一个设备保养表,员工做完后涂黑或者打钩,有的项目一天一次,有的项目三天一次,有的项目一周一次,员工会不会每次都认认真真完成? 有没有作假?

如果员工作假,怎么检查? 以下 3 种检查方式中,哪种检查方式最好?

第一种,定期、定时检查;第二种,定期、定次数、不定时检查;第三种,不定时、不定次数检查。

第三种最好。为什么? 因为如果一个月检查 3 次、25 号检查最后一次,检查以后,员工知道不会再检查了,之后再也不做了。所以,不定时、不定次数检查最好,因为员工不知道什么时候检查,也不知道检查多少次。

检查过程中,须彻查异常真因,须追根究底、追到源头,以发现潜在原因;需客观、诚实地统计、解析。处置时,配合固有技术。处置方法如下:

第一,发现问题时,做应急措施,马上解决问题。

第二,防再发生。这个时候,要做一个小 PDCA 循环,要分析原因、计划、实施、解决,我们要找出每一个问题的原因,让它不再发生,这才有价值,否则,这个检查、改进就没有价值。所以,防再发生是最重要的。这个时候,可以横向水平展开,比如,一条生产线某个部位出了问题,就推到其他同种生产线类似部位,换句话说,就是在一个人摔跤后防止其他人也摔跤。

◎任务要求

在实际情景中,正确合理地运用 PDCA 循环解决质量管理问题。

◎任务实施

质量管理中,PDCA 循环就是标准化—执行—查核—再组织,另一个说法就是定标准—

执行—发现问题—检查—改进—再执行—再标准化,这两个循环是差不多的。每一次转动 PDCA 循环,不良就会减少,管理水平就会升高。PDCA 循环其实是一个持续改善的工具。

一、PDCA 循环定义

PDCA 循环又称为戴明环,是美国质量管理专家戴明博士提出的,是全面质量管理所应遵循的科学程序。全面质量管理活动的全部过程,就是质量计划制订和实现过程,这个过程按照 PDCA 循环不停顿地、周而复始地运转。

二、分析说明

PDCA 循环是一种能使任何活动有效进行的、合乎逻辑的工作程序,在质量管理中得到了广泛应用。P,D,C,A 4 个英文字母所代表的意义如下:

①P(Plan)计划。包括方针和目标确定以及活动计划制订。

②D(Do)执行。执行就是具体运作、实现计划内容。

③C(Check)检查。就是总结,分清哪些对了、哪些错了,明确效果,找出问题。

④A(Act)行动(或处理)。处理检查结果,肯定并标准化成功的经验或制定作业指导书,便于以后工作时遵循;总结失败,以免重现。将没有解决的问题提到下一个 PDCA 循环中。

三、PDCA 循环法的步骤

以上 4 个阶段的内容可进一步具体化为以下 8 个步骤,具体如下:

步骤1:分析现状,找出题目。

步骤2:分析产生题目的原因。

步骤3:确认要因。

步骤4:拟订措施、制订计划。

步骤5:执行措施、执行计划。

步骤6:检查验证、评估效果。

步骤7:标准化,固定成绩。

步骤8:处理遗留题目。

步骤1、步骤2、步骤3是"计划阶段"具体内容,步骤6、步骤7是"处理阶段"内容。"计划阶段"应明确 6 个问题(5E1H),即为何干、干什么、何时干、何地干、何人干、如何干。

四、PDCA 循环的特点

PDCA 循环,可以使我们的思想方法和工作步骤更加条理化、系统化、图像化和科学化。其特点如下:

(一)大环套小环、小环保大环、推动大循环

PDCA 循环作为质量管理的基本方法,不仅适用于整个工程项目,也适应于整个企业和企业内科室、工段、班组以至个人。根据企业的方针目标,各级部门都有自己的 PDCA 循

环,层层循环,大环套小环、小环又套更小的环。大环是小环的母体和依据,小环是大环的分解和保证。各级部门的小环都围绕着企业的总目标朝着同一方向转动。通过循环,将企业上下或工程项目各项工作有机地联系起来,彼此协同,互相促进。

(二)不断前进、不断提高

PDCA 循环就像爬楼梯一样,一个循环运转结束,生产的质量就会提高一点,然后制定下一个循环,再运转,再提高,不断前进,不断提高。

(三)闭路式上升

PDCA 循环不在同一水平上循环,每循环一次,一部分问题就被解决,企业取得一部分成果,工作就前进一步,水平就提高一步。每次 PDCA 循环结束时,企业都要总结,提出新目标,然后第二次 PDCA 循环,使品质治理的车轮滚滚向前。PDCA 每循环一次,品质水平和治理水平均更进一步。PDCA 的特点,如图 3-4 所示。

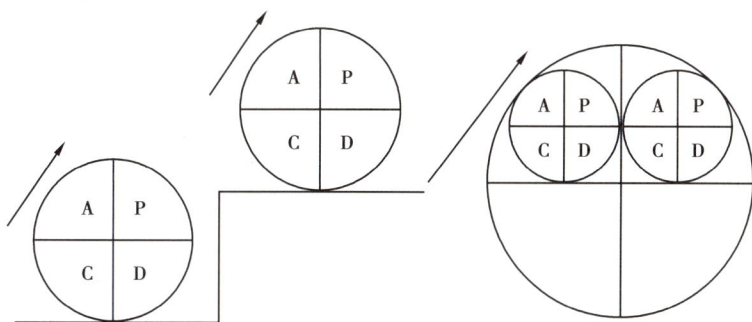

图 3-4 PDCA 的特点

在质量管理中,PDCA 循环得到了广泛应用,并取得了很好的效果,因此,一些人称 PDCA 循环为质量管理的基本方法。运行一次后,P,D,C,A 不会完结,而会周而复始地进行。一个循环完了,解决了一部分问题,其他问题可能尚未解决或者出现新的问题,于是再循环。在 PDCA 循环的四个阶段,"策划—实施—检查—改进"PDCA 循环的管理模式体现着科学认识论的一种具体管理手段和一套科学的工作程序。PDCA 管理模式的应用对我们提高日常工作的效率有很大益处,它不仅可以在质量管理工作中运用,也适合于其他各项管理工作。

任务三 因果分析法

◎学习目标

1.了解因果图的构成和基本画法。

2.掌握因果图的实际应用。

3.培养学生的质量意识和成本意识。

◎任务导入

X 公司是一家商贸公司,主要经营生鲜食品、传统食品和日用品。在年末干部工作会议上,总经理召集采购部经理等中高层人员,集中讨论进货价格高、公司年利润低的问题,并尝试用鱼骨图分析主要原因。

◎任务要求

运用正确的方法分析仓储物品质量问题,进而找出解决办法。

◎任务实施

因果分析法由日本管理大师石川馨先生发明,又称为石川图、鱼骨图。因果图是一种发现问题根本原因的方法,涉及从质量管理推广到管理各领域。它是一个非定量工具,可以帮助我们找出问题(最终问题陈述时所描述的问题)的根本原因。

一、因果图的构成

把要解决的问题放在一个方框中代表鱼头,在鱼骨的两端沿 60°角列出人、机、料、法、环 5 个方面可能的原因(主要原因),然后逐级分解诸因素,并将原因(次要原因)列于分支线上,如图 3-5 所示。其中,"人"指问题产生的人为因素;"机"通常指软件、硬件条件对于

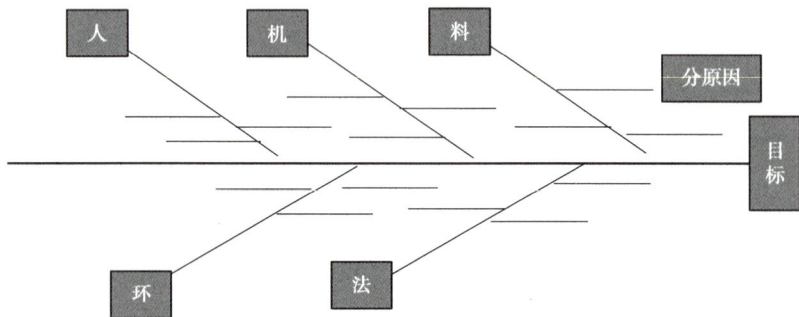

图 3-5 鱼骨图分析法

事件的影响；"料"指基础的准备以及物料；"法"指处理事件的方式与方法；"环"指内外部环境因素。

二、绘制因果图

①问题负责人召集与问题有关的人员，组成一个工作组，该组成员必须对问题有一定深度的了解。

②问题的负责人将拟找出原因的问题写在黑板或白纸右边三角形框内，并在其尾部引出一条水平直线，该线称为鱼脊。

③工作组成员在鱼脊上画出与脊成60°角的直线，并在其上标出引起问题的主要原因，这些直线称为大骨。

④进一步细化引起问题的原因，画出中骨、小骨，尽可能列出所有的原因。

⑤优化管理因果图。

⑥讨论。

三、因果图的运用流程

从构思到解决问题，因果图法主要经历3个层面活动：一是思维层面，二是方法层面，三是应用层面。因果图的运用流程，如图3-6所示。

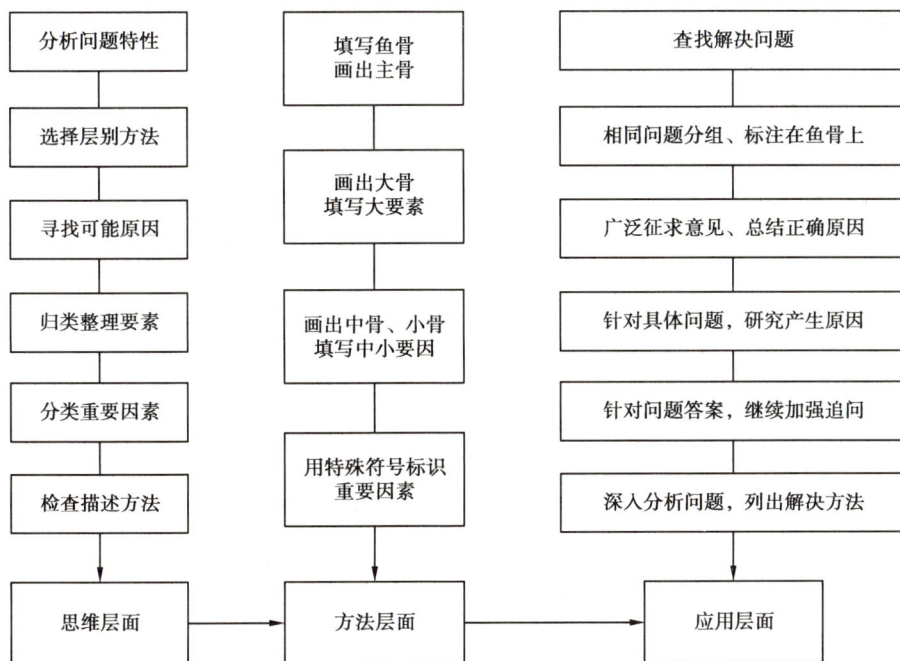

图 3-6　因果图的运用流程

基础练习

一、判断题

1.仓储全面质量管理的核心是管理仓储作业全过程。 （ ）

2.PDCA 循环法中，D 指计划执行检查。 （ ）

3.在全面质量管理中，质量这个概念和全部管理目标有关。 （ ）

4.因果分析法又叫帕累托图法。 （ ）

5.绘制因果图时，一般采用开"诸葛亮会"的方式。 （ ）

二、选择题

1.TQM 指（   ）。

　　A.产品质量管理　　B.统计质量管理　　C.检验质量管理　　D.全面质量管理

2.全面质量管理的核心是（   ）。

　　A.提高人的素质　　B.提高产品的质量　　C.降低消耗　　D.技术改进

3.PDCA 循环法中，A 指（   ）。

　　A.计划　　　　　　B.实施　　　　　　C.检查　　　　　　D.处理

4.因果图由质量问题和（   ）组成。

　　A.技术问题　　　　B.影响因素　　　　C.管理水平　　　　D.企业规模

5.因果图法中，"料"表示（   ）。

　　A.环境因素　　　　B.方式方法　　　　C.基础准备集物料　　D.软件和硬件

实训练习

实训目标:掌握因果图法的应用。

实训内容:在某仓库盘点过程中,仓管员发现存储的金属物品锈蚀,须寻找锈蚀的原因。

实训要求:请运用因果图找出存储物品锈蚀的原因(绘制出因果图)。

项目三　仓储成本管理

任务一　仓储成本分析

◎学习目标

1.了解仓储企业成本的基本含义。

2.掌握仓储企业成本的基本构成。

3.能正确分析仓储企业的成本。

4.培养学生的节约意识和成本意识。

◎任务导入

在报纸印刷行业,新闻纸的成本占了报纸成本的90%左右,其次是油墨和板材,由此可见新闻纸管理的重要性。新闻纸的出库方案决定了成本分摊方式,在新闻纸出库时,如何将成本分摊到每叠报纸? 某报纸印刷企业要求在新闻纸出库过程实施信息化管理,即新闻纸出库扫描,扫描新闻纸上的序列号,自动带出新闻纸的重量信息,新闻纸的定量为 $51\ g/m^2$。

下面给出了3种方案。

方案一:新闻纸出库时,在生产领料单上扫描,将每张新闻纸的重量计入生产订单上的某叠报纸上。该方法操作简单,但若选择无线手持终端扫描,须有强大的无线网络环境,否则非常容易出现错误。另外,整张新闻纸并不全消耗在这叠报纸上,如这叠报纸印刷完毕但整张新闻纸并没全部消耗掉。

方案二:新闻纸出库时,先移库,把新闻纸从新闻纸库存仓库移到虚拟库即生产车间仓库(生产车间缓冲区域,用于存放从仓库中领用的新闻纸)。移库后,新闻纸并没实际消耗,只是存放位置发生变化。生产车间实际消耗新闻纸后,根据每叠报纸实际消耗的新闻纸重量,填写生产领料单,并将未用完的新闻纸重量冲抵回该新闻纸序列号。这样做最为准确,但操作过程比较麻烦,操作人员必须认真负责。如果印刷机由系统控制,且计重是自动的,这个操作过程就既简单又准确了。

方案三：前半部分与方案二相同，在填写生产领料单时，根据事先制订的单位消耗新闻纸的量，算出每叠报纸的新闻纸用量，把这个量作为生产领料单上每叠报纸消耗新闻纸的量，计算成本。

◎ 任务要求

结合成本构成，分析以上 3 个方案的优劣。

◎ 任务实施

一、研究仓储成本管理的意义

仓储业虽然是一个传统行业，但在 20 世纪 80 年代以前，仓储业是计划经济的产物，其表现形式主要是国家或地方行政部门的储备库或仓库。各类企业虽有自己的仓库，但这些仓库只是企业的附属物。不论国家的储备库、各地方隶属于政府部门的仓库，还是各部门、各企业的仓库，其业务主要是执行上级下达的指令，有管理的义务，没有经营的权利；这些仓库虽然有核算指标，但不受盈亏影响，国家或企业实报实销。因此，原有仓储成本管理的指标体系已不适应目前仓储企业的经营现状，加上现代仓储是物流的核心功能之一，其成本管理的指标体系肯定会受到"黑大陆"学说、"冰山"学说影响。由此可知，研究仓储企业的成本管理，既有必要，又有难度。

二、仓储成本的构成

（一）仓储成本的含义

仓储成本指仓储企业在储存物品过程中包括装卸搬运、存储保管、流通加工、收发物品等各环节和建造、购置仓库等设施设备所消耗的人力、物力、财力及风险成本总和。仓储成本是衡量仓储企业经营管理水平和管理质量的重要标志。

（二）仓储成本的构成

由于不同仓储企业的服务范围和运作模式不同，其内容和组成部分也各不相同，控制仓储成本的方法多种多样。这里将成本分为两个部分：一部分是仓储成本；另一部分是与仓储活动有关的成本——库存持有成本。

仓储成本与各类仓储作业带来的成本有关，与库存水平无关；库存持有成本与库存水平有关，与仓储作业无关。

仓储成本的构成内容通常包括仓储过程中的物品损耗，如人力和物力消耗、包装材料消耗、固定资产磨损、修理费等；仓库人员的工资、奖金及各种形式的补贴；运输储存、装卸搬运的费用支出；在保管过程中，物品合理损耗以及组织仓储活动的其他费用，如办公费等。

具体来说，仓储成本是由仓储作业过程中所消耗的各种要素的成本和费用构成的，这些要素包括如下：

1.固定资产折旧

固定资产折旧主要包括库房、堆场等基础设施建设折旧、仓储设施设备折旧。企业根据自己的业务特点和策略,可以选择适宜的折旧方法。一般仓储企业采用平均年限折旧法,有的设备可采用工作量折旧法。固定资产的折旧年限不完全相同,一般可以是5~40年。若采用加速折旧法(双倍余额减法、年数总和法),可在较短的时间内将投入回收,但要经过有关部门批准。

2.工资和福利费

工资和福利费包括仓储企业内各类人员的工资、奖金和各种补贴以及由企业缴纳的住房公积金、医疗保险、退休基金等。

3.能源费、水费、耗损材料费

动力、电力、燃料、流通加工耗材等,仓库用水,装卸搬运消耗的工具、索具、绑扎、衬垫、苫盖材料等。

4.设备维修费、大型设备的修理费

设立大型设备修理基金。该基金每年从经营收入中提取,提取额度一般为设备投资额的3%~5%,专项用于设备大修。

5.管理费用

管理费用指仓储企业组织和管理仓储生产经营的费用,包括行政办公费用、公司经费、工会经费、职工教育经费、劳动保险费、待业保险费、咨询费、审计费、排污费、绿化费、土地使用费、业务招待费、坏账损失、存货盘亏、毁损和报废(减盘盈)以及其他管理费用等。

6.财务费用

财务费用指仓储企业筹集资金的各项费用,包括仓储企业作业经营期间利息支出、汇兑净损失、调剂外汇手续费、金融机构手续费以及其他财务费用等。

7.销售费用

销售费用包括企业宣传、业务广告、仓储促销、交易等经营活动的费用。

8.保险费

保险费是仓储企业对意外事故或者自然灾害造成仓储物品损害所要承担的赔偿责任保险所支付的费用。一般来说,如果事先没有协议,仓储物品的财产险由存货人承担,仓储保管人仅承担责任险投保。

9.外协费

在提供仓储服务时,其他企业提供服务的费用,包括业务外包(如配送业务外包)。

10.税费

这里所说的税费指仓储企业承担的税费。

三、仓储成本分析

根据成本的性质,可将仓储成本分为固定成本和变动成本。

固定成本指仓储作业活动过程中在一定时间内不会随着仓库储存量大小、仓库空间利用率高低变化而变化的成本。即不随着储存量变化而变化的成本。该项成本主要包括保险、大修理提存、固定资产折旧或长期租赁费用、固定工资及附加费等。

变动成本指仓储作业活动过程中在一定时间内随着仓库储存量增加或减少而成正比例变化的成本,是与业务量大小直接有关的成本,即随着储存量变化而变化的成本。该项成本主要包括保管费、加班费、苫垫物料费用、设备运转成本(燃料、材料消耗、维修)等。

从固定成本和变动成本的性质分析,一方面,仓储企业必须有足够多的储存量(较高货位利用率),用来分摊固定成本。一方面,合理规划仓储空间、提高设备完好率、减少非生产人员可有效降低固定成本;另一方面,要降低变动成本,这就需要加强管理、合理选择备货方式、合理选择流通加工的方式、做好商品养护工作、提高装卸搬运灵活性、提高劳动效率、提高仓储服务质量、降低机具物料的损耗和燃料的消耗、降低风险成本。

(一)储存成本分析

储存成本分析主要分析固定成本分摊。储存量及储存规律会影响储存成本,这是因为仓库的储存量可以"分摊"固定成本,也就是说,一定储存量和稳定的储存规律可以降低单位物品的储存成本和提高储存效率,因此,要提高仓库储存量,合理规划仓储空间。

(二)装卸搬运作业成本分析

装卸搬运作业成本分析主要包括装卸、搬运机具的成本和费用、燃料、润料消耗费用、人工成本和时间费用等。

(三)备货作业成本分析

备货作业成本分析主要包括货物分拣费用和补货作业费用。

(四)人工费用分析

人工费用分析主要指仓储企业一线作业人员的费用,包括仓储作业人员的工资和福利报酬等。

(五)包装作业成本分析

包装作业成本分析主要包括包装材料的成本、辅助材料的成本、包装人工费用、包装机械费用等。

(六)机具物料和燃料成本分析

在仓储作业过程中,要使用各种工具、索具、叉车、吊车,还要制冷、除湿、通风,这些都要耗费燃料、润料、电力和水资源等。

分析成本构成,上述3种方案各有优劣,第一种方案操作较为简便,但在操作过程中容易出现错误,所分摊的成本准确性差;第二种方案操作起来较为麻烦,但所分摊的成本准确性最高;第三种方案介于前两种方案之间,但有明显漏洞。综合起来,从可操作性和所分摊成本的准确性来看,第二种方案最好。当然,要想用好第二种方案,还有很多细节问题需解决。

任务二　仓储成本控制

◎学习目标

1.了解成本控制的基本要求。
2.掌握仓储成本控制的方法。
3.能正确运用仓储成本控制方法。
4.培养学生的成本意识。
5.培养学生精益求精的职业素养。

◎任务导入

在运作过程中,某物流仓储企业多次实际成本超过预算成本。为了系统解决成本失控的情况,公司决定面向全体人员培训成本管理,并要求仓储经理在实际工作中贯彻并执行成本控制要求。张经理参加了培训,刚接手了一个新的仓储服务项目。

◎任务要求

请协助王经理控制此项目的成本。

◎任务实施

根据计划目标,主动影响成本形成和发生过程以及成本各种因素和条件,以保证成本预算完成。

(一)储存成本控制

一般仓库都关心其所存物品的重量、体积,因为这直接影响仓库的利用率和仓库设施设备的完好程度。仓库常常以重量、体积作为依据制定收费标准,物品所占用的空间和物品所占面积直接影响仓储费率。仓库一般要合理安排体积大、重量轻的物品货位,若采用货架存放,应选择承载力相当的货格;若采用货场堆码,应选择地坪载荷较小的货位。制定仓储费率时,要考虑诸多因素,如体积、重量、仓储环境和条件、物品性质、养护等。

由于物品本身特性、包装不规则、批量小、规格杂而无法堆高储存时,或需要利用仓库加工、整理、挑选、组配物品需要占用一定的仓库面积时,要合理安排占用面积和空间,一般应按实际占用面积和每平方米地坪(或楼面)的设计载荷能力折成计费吨收费。若客户要求包仓,仓储企业和客户要协商,一般按照不低于仓库实际面积的80%计费。

（二）装卸搬运作业成本控制

1.合理选择装卸搬运机具

合理选择和使用装卸搬运机具,是提高装卸效率、降低装卸搬运成本的重要环节。装卸搬运机械化程度可分为以下 3 个等级。

一级是用简单的装卸器具,如地牛、传送带等。

二级是使用专用的高效率机具,如吊车、电动叉车、夹抱车等。

三级是计算机控制自动化、无人化操作,如自动堆垛机、轨道车、电子小车等。

选择装卸搬运器具,首先,在物品的性质和可操作性方面,考虑物品是否需要包装,采用何种包装,适合哪种器具;其次,在管理方面,考虑提高搬运装卸速度、节约人力资源和减轻工人劳动强度、保证人与物的安全等。若装卸搬运的物品属于偶然作业的重、大物品且必须采用机械装卸搬运,可临时租借设备,若属于风险大的作业且无操作经验,应该外包出去。

2.提高物品装卸搬运的活性与可运性

提高物品装卸搬运的活性与可运性是合理装卸搬运和降低装卸搬运成本的重要手段之一。

装卸搬运作业必须为下一个环节物流活动做准备。活性分为 5 个等级,即 0~4,0 的活性最低,4 的活性最高。要不断提高活性,但从成本角度分析,并不是活性越高越好,要适宜。

装卸搬运的可运性指装卸搬运的难易程度。影响装卸搬运难易程度的因素主要包括:

①物品的外形尺寸;

②物品的密度或笨重程度;

③物品的形状;

④物品、设备或人员损伤的可能性;

⑤物品的活性等。

装卸搬运物品的可运性度量标准是根据装卸搬运的工具不同而定的。例如,人工装卸搬运,指用一只手就可以方便地拿起或放下物品,物品不散、不勒手;电动叉车装卸搬运,指不用其他辅助工具的情况下将物品整齐、坚固地码放在托盘上,堆码不歪、不斜、不倒。提高装卸搬运的可运性是降低装卸搬运成本的重要手段。

3.利用重力作用,减少能量消耗

在装卸搬运时,应尽可能借助物品重力,减轻劳动力和其他能源消耗。例如,利用地势安装倾斜、无动力小型传送带,使物品依靠本身重力装卸搬运。

4.合理选择装卸搬运方式

在装卸搬运过程中,必须根据物品的种类、性质、形状、重量来确定装卸搬运方式。在装卸时,处理物品的方式包括以下 3 种。

第一种是单品处理,即按普通包装逐个装卸,一般符合物品的可运性,对体积较大的单品来说效率较高,对体积较小的单品而言,虽符合物品的可运性,但效率仍较低。

第二种是单元处理,即物品以托盘、集装箱为单位,组合后装卸搬运,一般符合物品的可运性,可以提高装卸效率。

第三种是散装处理,即不加包装装卸搬运粉粒状物品,虽然活性较低,可运性较差,但可节省包装费用,若使用简单的装卸器具装卸,如用传送带装卸,可节约设备费用。

5.改进装卸搬运作业方法

装卸搬运是物流的辅助功能之一,也是物流的重要环节。合理分解装卸搬运活动、选择适合企业的装卸搬运设备、提高机械化和自动化装卸水平,对于改进装卸搬运作业、提高装卸搬运效率、降低装卸搬运成本有着重要意义。

(三)备货作业成本控制

仓储作业中,备货作业是最繁杂的作业,为了降低备货作业成本,可以采取以下方式。

1.合理选择备货作业方式

①全面分拣。一个备货人员全面负责一个订单,并负责订单从开始到结束整个履行过程,分拣全过程实行摘果法。当备货物品的种类较多时,应当采用全面分拣方式。

②批处理分拣。备货人员负责一组订单,在接收这批订单后,先建立批处理清单(包括整个订单组里每种储存单元的物品总数),然后按照批处理订单,采用摘果法,分拣物品,并将物品送到站台,采用播种法将它们在各订单之间分配。当备货物品的种类较少时,应当采用批处理分拣方式。

③分区分拣。将仓库分成若干区域,每个区域配备备货人员,在分区订单处理计划中,备货人员挑选出订单中存放在其所负责区域的物品,并将其传给下一个备货人员,下一个备货人员挑选出下一个区域内的物品,依次传递下去。在这种方式下,一个订单由很多人分拣。当仓库面积比较大、存放不同物品的区域相隔较远时,应当采用分区分拣方式。

④分组分拣。按一个指定特征划分,如按承运人分,即根据提单将某一承运人所运送的物品拣出。当不同订单由不同承运人承担运输时,应采用分组分拣方式,分组分拣方式可以节约成本。

2.合理安排仓储空间,降低备货成本

在备货作业中,妨碍作业效率提高的主要因素是仓储空间。仓储空间越大,备货时移动的距离就越长。因此,应合理安排仓储空间,将仓储空间分为保管区和备货区,这样做有利于提高备货的作业效率。

3.加强货位管理,提高备货作业效率

备货人员必须熟悉物品存放的货位。在应用计算机管理的仓库,备货人员利用仓储管理系统,查出订单中物品的存放位置,可提高备货作业效率,有利于降低备货成本。

(四)人工费用控制

仓储过程中,仓储企业应尽可能充分利用投入的劳动力,并使其发挥最大效用。要想达成这一目标,就应当分析工时利用率。将作业性活动的实际时间除以所有员工(包括管理人员)数与制度工作小时数的乘积,得到时间利用率。

$$时间利用率 = \frac{某一期间作业性活动的实际时间}{同期全体员工数 \times 制度工作小时数} \times 100\%$$

如果这个比率接近1,则时间利用率高;反之,则时间利用率低。若减少非作业人员,则可以在提高时间利用率的同时降低工资费用。

仓储企业还可以考察每项主要业务活动所耗用的生产时间的百分比并进一步分析,对劳动实行定量管理。如用收货、存放、拣选、发货等任何一项活动及其具体作业内容与时间的比率来说明劳动生产率,即用单位时间托盘的装载量和卸载量、单位时间托盘物品入库量、单位时间包装量、单位时间拣选出库量等说明劳动生产率。利用这些作业量指标可核算成本支出的数据,控制成本并达到降低成本目的。

(五)包装作业成本控制

包装作业成本是影响仓储管理成本的重要成本之一,该项内容主要应考虑以下几个方面的问题。

①使用物美价廉的包装材料。

②包装作业机械化,提高包装效率。

③采用大包装,尽量使包装简单化,节约包装材料。

④利用原有包装,加贴新标签。

(六)机具物料和燃料成本控制

在仓储作业过程中,各种工具、索具、叉车、吊车以及制冷、除湿、通风设备,都要耗费燃料、润料、电力和水资源等。要想控制这些成本、把消耗降至最低点,就要制订合理的作业流程,尽量减少重复作业,避免过度使用设备,提高设备完好率。

(七)提高仓储服务质量、降低仓储成本

一般而言,仓储服务质量越高则仓储成本就越高。但是仓储服务质量有极限,因为仓储服务质量与仓储成本不成正比。也就是说,当仓储质量达到一定高度时,仓储质量的增长速度就会慢于仓储成本的增长速度,这时,仓储质量依靠成本大幅度提高而提高,这种质量提高是不被客户认同的。因为客户总希望以最经济的成本得到最佳的服务,所以仓储服务水平应该是在合理的仓储成本之下的服务质量。

(八)降低机会成本和风险成本

物品变质、短少(偷窃)损害或报废的相关费用构成仓储成本的最后一项。在仓储过程

中,物品会因各种原因被污染、损坏、腐烂、被盗或由于其他原因不适用或不能使用,这直接造成损失,构成了企业的风险成本;客户未履行合同的违约金以及仓库支付的赔偿金也构成了企业的风险成本;保险虽然作为一种保护措施,能帮助企业预防灾害损失,但也是风险成本的一部分。

库存物品价值提高,仓库所承担的风险也提高,因此,从理论上说,仓储费是根据物品价值收取的,物品价值增加,仓储费用也应当相应增加。从这个意义上讲,货主就必须将物品的价值、特性等告诉保管人,以便其提出相应仓储费用报价。但是,货主若故意隐藏物品的价值,仓储企业的风险成本势必增加。若仓储企业为了减少风险成本或远离风险而不经营易碎、易破物品,仓库吞吐量势必减少,机会成本提高。此外,轻、大和重物短期储存和长期储存时,机会成本都存在,企业要根据经验和规律,合理解决这一问题,降低该项成本。

基础练习

一、判断题

1.仓储企业的根本目的是追求利润最大化。 （　　）

2.物流企业仓储成本控制是企业管理人员的事,与仓储作业人员无关。 （　　）

3.先进先出法可以降低企业货物存储风险,应普遍采用。 （　　）

4.在途存货成本可以忽略不计。 （　　）

5.订货成本和存货成本此增彼减。 （　　）

二、选择题

1.仓储设备折旧属于(　　)。

　　A.固定成本　　　　B.变动成本　　　　C.资金占用成本　　　D.在途持有成本

2.设备维修费是(　　)。

　　A.固定成本　　　　B.变动成本　　　　C.资金占用成本　　　D.在途持有成本

3.狭义的仓储成本主要是指(　　)。

　　A.库存成本　　　　B.保管成本　　　　C.管理成本　　　　　D.固定成本

4.企业仓储作业过程中,(　　)是活劳动和物化劳动总和的货币表现。

　　A.仓储设施　　　　B.仓储费用　　　　C.管理费用　　　　　D.仓储成本

5.以下属于变动成本的是(　　)。

　　A.保险费　　　　　B.设备运转成本　　C.大修理提存　　　　D.长期租赁费用

实训练习

实训目标:掌握仓储成本计算的方法。

实训内容:某仓库企业 10 月费用如下。仓储管理人员工资 4 000 元,保管员工资 9 000 元,仓库电费 1 000 元,仓库货架、货柜摊销 2 000 元,堆码费 600 元,进出库短驳费 1 000 元,仓储物品合理损耗 800 元,管理费用 600 元,销售费用 800 元,财务费用 400 元,支付货物保险费 600 元,大型吊车、叉车等设备维修费 800 元,仓库、设备等固定资产计提折旧 2 000元。请计算:

(1)本月该企业的仓储成本。其中,固定成本、变动成本分别是多少?

(2)本月该企业的期间费用和仓储保管费。

(3)如果本月一共储存了小麦 5 000 t,请计算每吨小麦仓储费。

实训要求:理解仓储成本的构成。

项目四　仓储绩效管理

任务一　仓储绩效指标体系

◎学习目标

1.了解仓储绩效考核的意义。

2.掌握仓储绩效考核的评价指标体系。

3.培养学生努力工作、钻研业务的意识。

◎任务导入

某物流公司考核员小王接到上级任务,要求根据公司的需要制订绩效考核办法,如果你是小王,你将建立怎样的绩效考核指标体系。

◎任务要求

根据公司需要,制订仓储绩效考核指标体系。

◎任务实施

一、明确仓储绩效考核的意义

企业仓储活动担负着生产所需各种物资收发、储存、保管保养、控制、监督和保证生产需要等多项业务职能,而这些活动都与企业生产、经营及其经济效益密切联系。仓储活动的各项考核指标,是仓储管理成果的集中反映,是衡量仓储管理水平高低的尺度,也是考核、评估仓库各方面工作和各作业环节工作成绩的重要手段。因此,利用指标考核管理手段,对加强仓储管理工作、提高管理的业务和技术水平是十分必要的。

(一)有利于提高仓储经营管理水平

经济核算中,每个指标均反映了现代仓储管理的一个侧面,而完整的指标体系能反映管理水平的全貌,对比和分析指标,能发现工作的问题,并能使仓储管理人员自觉地钻研业务、提高业务能力以及管理工作水平,从而有利于提高仓储的管理水平。

(二)有利于推行仓储管理经济责任制

仓储的各项指标是实行经济核算的依据,也是衡量仓储工作好坏的尺度,要推行仓储管理的经济责任制、实行按劳取酬和评定各种奖励,都离不开指标考核。

(三)有利于推动仓库的技术改造

企业仓储活动必须依靠技术设备,而在仓库里,如果设施装备落后,利用率低,则考核指标就会找出仓储作业的薄弱环节,革新、改造消耗高、效率低、质量差的设备,并有计划、有步骤地采用先进技术,提高仓储机械化水平、自动化水平。

(四)有利于提高仓储的经济效益

经济效益是衡量仓储工作的重要标志,指标考核可以全面测定、比较和分析仓库的各项活动,选择合理的储备定额、仓储设备、最优的劳动组合、先进的作业定额,提高储存能力、作业速度和收发保养工作质量,降低费用开支,加速资金周转,可能以最少的劳动消耗获取最大的经济效益。

二、仓储绩效评价指标体系

仓储绩效评价指标体系是反映仓库生产成果及仓库经营状况各项指标的总和。由于仓储部门在供应链中所处的位置或仓储企业经营性质不同,指标的种类有繁有简。仓储绩效评价指标分为六大类:顾客满意类指标、货物储存的数量指标、货物储存的效率指标、货物储存的经济指标、货物储存的质量指标、货物储存的安全指标,见表3-2。

表3-2　仓储绩效评价指标体系

评价指标	服务水平
顾客满意类指标	顾客满意程度
货物储存的数量指标	计划期物资吞吐量
	物资平均库存量
	库房使用面积
	货场使用面积
	单位面积存储量
	职工人数
	设备数量
	库用物资消耗指标
货物储存的效率指标	仓库利用率指标
	设备利用率指标
	资金使用效率指标
	劳动生产率指标
	物资周转速度指标

续表

评价指标	服务水平
货物储存的经济指标	储运成本指标
	利润指标
	资金利润率指标
	收入利润率指标
	每吨货物保管利润指标
货物储存的质量指标	物资收发差错率指标
	业务赔偿费率指标
	物资损耗率指标
	物资缺损率指标
	账实相符率指标
	物资及时验收率指标
	设备完好率指标
货物储存的安全指标	安全率指标

任务二　仓储绩效分析

◎学习目标

1.了解仓储绩效分析的步骤。

2.掌握仓储绩效分析指标的具体内容及分析方法。

3.培养学生努力工作、钻研业务的意识。

◎任务导入

在完成仓储绩效考核指标体系的基础上,某物流公司考核员小王须掌握绩效考核分析的步骤和方法,顺利完成仓储公司绩效考核管理工作。

◎任务要求

根据已制订的仓储绩效考核指标体系,运用严格的步骤和科学的方法考核绩效。

◎任务实施

一、仓储绩效考核指标

(一)顾客满意类指标

顾客满意度是经常被提及的评价指标,这反映了企业重视客户满意度。顾客满意类指标设计的核心是确定产品及服务在多大程度上满足顾客的欲望和需求。通过顾客满意类指标,可以判断一个企业的可信赖程度。

1.服务水平

$$服务水平=\frac{满足需求次数}{用户要求次数}\times100\%$$

或以缺货率来表示。缺货率反映仓库保证供应、满足客户需求的程度。

$$缺货率=\frac{缺货次数}{顾客订货次数}\times100\%$$

通过这项指标考核,可以衡量仓库库存分析能力和及时组织补货的能力。

2.顾客满足程度

$$顾客满足程度=\frac{满足顾客要求数量}{顾客要求数量}\times100\%$$

(二)货物储存的数量指标

这是反映仓库容量、能力以及货物储存数量的指标。核算这类指标的作用在于总量上掌握经济成果,通过衡量仓容的能力,能促进保管人员挖掘潜力、采用先进的机具和先进技术,从而提高仓容使用效能。这类指标是仓储部门最基本的经济指标。数量指标是量的反映,通常用绝对数表示。

1.货物吞吐量

货物吞吐量也称为货物周转量,即一定时期内入库和出库的仓储货物总量。通常以吨表示,货物吞吐量指标常以年吞吐量计算。吞吐量指标是衡量仓库生产规模情况及其在物流业中所起作用的主要数量指标,也是仓库设计规划的主要依据。

$$吞吐量 = 一定时期内进库总量 + 同期出库总量 + 货物直拨量$$

2.货物平均库存量

货物平均库存量指计划期内的平均库存量,一般按月、年计算。它反映仓库的平均储存水平。在货物周转率一定的情况下,它和吞吐量指标一样,影响其他经济指标重量。平均库存量以吨为计量单位。

$$月平均库存量 = \frac{月初库存量 + 月末库存量}{2}$$

$$年平均库存量 = \frac{各月平均库存量之和}{12}$$

3.库房使用面积

$$库房使用面积 = 库房墙内面积 - 墙、柱、楼(电)梯等固定建筑物面积$$

4.货场使用面积

$$货场使用面积 = 货场使用面积 - 排水明沟、灯塔、水塔等固定建筑面积$$

5.单位面积储存量

$$单位面积储存量 = \frac{日平均储存量}{库房或货场使用面积}$$

6.职工人数

一般计算年或月的平均职工人数。

$$月平均人数 = \frac{月初人数 + 月末人数}{2}$$

$$年平均人数 = \frac{各月平均人数之和}{12}$$

7.设备数量

设备数量是反映仓储工作所用各种设备的数量指标。通常以统计的在籍设备台数和处于良好状态的设备台数来表示。

8.库用物资消耗指标

储存作业的物资消耗指标即库用材料(如防锈油等)、燃料(如汽油和机油等)、动力

（如耗电量等）的消耗定额。

（三）货物储存的效率指标

货物储存的效率指标主要反映货物仓库各方面的效率。

1. 仓库利用率指标

仓库利用率指标反映物资的利用情况，指仓库在面积、容积、地面载荷等方面利用程度的指标。具体包括以下几个指标。

（1）全库面积利用率

$$全库面积利用率=\frac{库房、货棚、货场占地面积之和}{仓库占地面积}\times100\%$$

（2）库房（货棚、货场）面积利用率

$$库房（货棚、货场）面积利用率=\frac{库房（货棚、货场）内货物占用面积}{该库房（货棚、货场）的使用面积}\times100\%$$

仓库面积利用率越大，仓库面积的利用情况越好。

（3）库房容积利用率

$$库房容积利用率=\frac{报告期内平均库存量}{库房的容量}\times100\%$$

仓库容积利用率越大，仓库容积的利用情况越好。

（4）地面载荷利用率

$$地面载荷利用率=\frac{各类货物平均堆载量}{地面建筑承载量}\times100\%$$

上式中，各类货物平均堆载量和地面建筑承载量分别表示每平方米面积实际堆载量和设计承载量。

2. 设备利用率指标

设备利用率指在一定时期内的设备实际使用台时数与制度台时数的比率，表明仓储设备利用和节约程度。

$$设备利用率=\frac{设备实际使用台时数}{制度台时数}$$

3. 资金使用效率指标

资金使用效率主要用于考核仓库资金的使用情况，反映资金的利用水平、资金的周转及资金使用的经济效果，这类指标包括单位货物固定资产平均占用量、单位货物流动资金平均占用量、流动资金周转次数和流动资金周转天数等。

$$单位货物固定资产平均占用量=\frac{报告期固定资产平均占用量}{报告期平均货物储存量}$$

$$单位货物流动资金平均占用量=\frac{报告期流动资金平均占用量}{报告期平均货物储存量}$$

报告期固定资产和流动资金平均占用量可以用期初数和期末数的平均数表示。

$$流动资金周转次数 = \frac{年仓储业务总收入}{全年流动资金平均占用量}$$

$$流动资金周转天数 = \frac{360}{流动资金周转次数} = \frac{全年流动资金平均占用量×360}{年仓储业务总收入}$$

这里的流动资金周转次数和周转天数指标主要针对独立核算的仓储企业或要求独立核算收入和支出的企业仓储部门。若不能单独核算仓库的业务收入,则无法计算这两项指标。

4.劳动生产率指标

仓储单位的劳动生产率是用平均每人每日完成的进出库质量来表示的。进出库量就是吞吐量减去在拨量。劳动生产率可分为全员劳动生产率和工人劳动生产率。

$$全员劳动生产率 = \frac{全年货物进出库量}{全员年工日总数}$$

$$工人劳动生产率 = \frac{全年货物进出库量}{工人年工日总数}$$

5.货物周转速度指标

库存货物周转速度是反映企业仓储工作水平的重要指标。在货物的总需求量一定的情况下,仓储的货物储备量降低,货物周转率就加快。但是,一味地减少库存,可能影响货物供应。因此,在保证供应需求的前提下,尽量降低库存量,从而加快货物的周转速度,提高资金和仓储的效率。货物的周转速度可用周转次数和周转天数两个指标来表示。

(1)周转次数

$$货物周转次数 = \frac{全年货物消耗总量}{全年货物平均储存量}$$

或

$$货物周转次数 = \frac{360}{货物周转天数}$$

(2)周转天数

$$货物周转天数 = \frac{全年物品平均储存量×360}{全年消耗货物总量}$$

或

$$货物周转天数 = \frac{全年物品平均储存量}{货物平均日消耗量}$$

其中,全年货物消耗总量根据仓库实际发出货物的年总量得到;全年货物平均储存量,为每月初物品储存量的平均数。物品周转次数越多越好,周转天数越少越好。

(四)货物储存的经济指标

货物储存的经济指标主要指有关存货的成本和效益的指标,这类指标可以综合反映经济效益水平。

1.储运成本指标

储运成本指一定时期内完成物资储运任务所支出的费用总额,反映着仓储业务活动中人力、物力、财力消耗。储运成本包括进出库成本和储存成本。

(1)进出库成本

进出库成本反映每吨进出库货物的所耗费用。进出库费用包括货物进出库过程中因装卸、搬运、验收所耗用的材料、燃料、动力、工人工资、劳保费、固定资产折旧、修理费、租赁费及应分摊的管理费用等各项费用。

$$进出库成本=\frac{期内进出库费用}{期内进出库量}$$

(2)储存成本

储存成本反映每保管一吨货物所支出的费用,即储存吨成本。

$$货物储存成本=\frac{计划期内货物保管费用}{同期货物吞吐量}$$

式中,保管费用指直接为货物保管保养所支付的各项费用,包括苫垫、倒垛、防腐、消防等所开支的材料费、燃料费、动力费、照明费、保管人员工资、劳保费、固定资产折旧费、修理费及应分摊的管理费等。

2.利润指标

利润指一定时期内收支相抵后的盈余总额,是仓储企业追求的目标。利润指标是反映仓储生产经营活动的综合性指标。

$$利润=期内仓库总收入-同期内仓库总支出总额$$

式中,仓库总支出额包括货物进货总金额,货物进出库费用,货物维护保养的各项费用,仓库固定资产折旧及修理费,仓库照明、动力、燃料等费用,仓库职工工资及其他费用。仓库总收入额即总销售收入额。

3.资金利润率指标

资金利润率指仓库所得利润与全部资金占用之比,可以用来反映仓库的资金利用效果。

$$资金利润率=\frac{利润总额}{固定资产平均占用+流动资产平均占用}\times100\%$$

4.收入利润率指标

收入利润率指仓库利润总额与仓库营业收入之比。

$$收入利润率 = \frac{仓库利润总额}{仓库营业收入} \times 100\%$$

5.每吨货物保管利润率指标

该指标指报告年度利润总额与报告期货物储存总量之比。

$$每吨货物保管利润率 = \frac{报告年度利润总额}{报告期货物储存总量} \times 100\%$$

报告期货物储存总量一般可以用报告期间出库的货物总量来衡量。

（五）货物储存的质量指标

由于库存货物的性质差别较大,货主所要求的物流服务内容不尽相同,因此,各仓储企业反映仓储业务作业质量的指标体系繁简程度会有所不同。这里主要介绍以下几种指标。

1.货物收发差错率指标

货物收发差错率以收发货差错的累计次数占收发货总次数的百分比来表示,此项指标反映仓储部门收、发货的准确程度。

$$货物收发差错率 = \frac{收发差错的累计次数}{储存货物总次数} \times 100\%$$

收发差错包括因验收不严、责任心不强而错收、借发,不包括丢失、被盗等因素导致的差错,通常情况下,仓储部门收发差错率应控制在 0.005% 内。而对于一些单位价值高的货物或具有特别意义的物品,客户会要求仓储部收发正确率为 100%,否则将根据合同索赔。

2.业务赔偿费率指标

业务赔偿费率以仓储部计划期业务赔偿总额占同期业务总收入的百分比来表示。

$$业务赔偿费率 = \frac{业务赔偿总额}{业务总收入} \times 100\%$$

业务赔偿总额指在入库、保管、出库阶段由于管理不严、措施不当而损坏、丢失库存物所支付的赔款和罚款以及延误时间等的罚款,不包括意外灾害损失;业务总收入指计划期内仓储部门为客户提供仓储业务所收取的费用总和。

3.物资损耗率指标

物资损耗率指保管期某种物资自然减量的数量占该种物资入库数量的百分比,此项指标反映仓库物资保管和维护的质量水平。

$$物资损耗率 = \frac{物资损耗量}{期内物资保管总量} \times 100\%$$

或

$$物资损耗率 = \frac{物资损耗额}{期内物资保管总量} \times 100\%$$

物资损耗率指标主要用于易挥发、易流失、易破碎的物品,仓库与货主根据物品的性质在仓储合同中规定相应损耗上限。若实际损耗率高于合同规定的损耗率,则仓库管理不善,导致顾客满意度受影响,仓库要赔付超限损失部分;反之,则仓库管理有成效。

4.物资缺损率指标

物资缺损率指保管期物资缺损的数量占该期内入库物资数量的百分比,此项指标也反映仓库物资保管和维护的质量和水平。

$$物资缺损率 = \frac{期内物资缺损量}{期内物资总数} \times 100\%$$

5.账实相符率指标

账实相符率指在货物盘点时仓库保管的货物账面上的结存数与库存实有数量的相互符合程度。在盘点库存货物时,要根据账目逐笔核对实物。

$$账实相符率 = \frac{账实相符笔数}{储存货物总笔数} \times 100\%$$

或

$$账实相符率 = \frac{账实相符件数}{期内储存总件数} \times 100\%$$

这项指标可以衡量仓库账面货物的真实程度,反映保管工作的完成质量和管理水平,考核这项指标是避免货物损失的重要手段。

6.物资及时验收率指标

物资及时验收率表明物资仓库按照规定时限验收执行的情况。

$$物资及时验收率 = \frac{及时验收笔数}{期内收数总笔数} \times 100\%$$

7.设备完好率指标

设备完好率指设备处于良好状态、随时能投入使用的设备占全部设备的百分比。

$$设备完好率 = \frac{完好设备台日数}{设备总台日数} \times 100\%$$

式中,完好设备台日数指处于良好状态的设备累计台日数,不包括正在修理或待修理设备的台日数。

（六）货物储存的安全指标

货物储存的安全指标反映仓库作业的安全程度。它主要用各种事故的大小和次数来表示,包括人身伤亡事故、仓库失火、爆炸、机械损坏事故等。可以用安全率指标来反映仓储作业的安全程度。

$$安全率 = \frac{无事故天数}{作业天数} \times 100\%$$

以上六大类指标构成了仓储管理较完整的考核指标体系,从不同方面反映了仓储企业或仓储部门经营管理、工作质量及经济效益的水平。

二、提高仓储效率和效益的途径

(一)加速库存周转、提高资金使用效率

在现代化仓储管理中,应核定先进、合理的储备定额和储备资金定额,加强进货管理,做好货物进货验收和清仓查库,积极处理超储积压货物,加速货物流转,从而提高仓储的经济效益。

(二)节约成本开支、降低仓储费用

仓储成本费用支出项目众多,影响费用支出增减的客观因素十分复杂。在现代化仓储管理中,应不断提高仓储设施的利用效率,提高劳动效率,努力减少库存损耗,最大限度地节约开支,降低费用。

(三)加强基础工作、提高经营管理水平

仓储管理基础工作是仓储管理工作的基石,为适应仓储管理功能的变化,应相应加强各项基础工作,如足额管理工作、标准化工作、计量工作和经济核算制等,要以提高仓储经济效益为目标,从不断完善经济责任制入手,建立全面而系统的仓储管理基础工作,为提高仓储经营管理水平创造良好的条件。

(四)扩大仓储经营范围和内容、增加仓储增值服务项目

随着全球电子商务的不断扩张,物流业快速发展。仓储企业应充分利用其联系面广、仓储手段先进等有利条件,向多功能物流服务中心方向发展,开展零件成套、延后处理、配送、包装、贴标签等多项增值业务,从而在市场经济中提高仓储的竞争能力,增加仓储的利润来源,提高自身的经济效益。

基础练习

一、判断题

1.顾客满意类指标反映了顾客对企业服务的满意度。　　　　　　　　　(　　)

2.吞吐量是反映仓库工作的数量指标。　　　　　　　　　　　　　　　(　　)

3.仓库利用率是反映仓储物资消耗的指标。　　　　　　　　　　　　　(　　)

4.利润指标是反映仓储生产经营活动的综合指标。　　　　　　　　　　(　　)

5.库存物资周转速度是反映仓储平均仓储水平的指标。　　　　　　　　(　　)

二、选择题

1.仓库利润总额与仓库营业收入总额的比率是(　　　)。

　　A.工资利润率　　B.资金利润率　　　C.利润总额　　　D.收入利润率

2.既是仓库设计规划的主要依据也是衡量仓库生产规模情况的主要数量指标的是（　　）。

    A.物品吞吐量　　　　　　　　B.平均收发货时间

    C.库存物品的周转率　　　　　D.仓库作业效率

3.（　　）是货物储存的效益指标。

    A.期间货物吞吐量　　　　　　B.账物差异率

    C.平均保管损失　　　　　　　D.设备完好率

4.既能反映仓储服务质量也能反映仓库劳动效率的仓储作业效率指标的是（　　　）。

    A.吞吐量　　　　　　　　　　B.物品及时验收率

    C.平均收发货时间　　　　　　D.库存物品的周转率

实训练习

实训目标:掌握仓储绩效指标核算方法。

实训内容:一个仓库面积为 10 000 m²,其货架区含通道面积为 8 000 m²,不含通道面积为 7 000 m²,仓库全年出货量为3.4 亿元;年初库存为 2 000 万元,年末库存为 1 400 万元,全年仓储费用为 300 万元,每月平均库存约为 10 万件。请计算:

（1）仓库面积利用率。

（2）货物年周转次数。

（3）平均存货费用。

实训要求:理解仓储成本构成。

项目五　仓储管理信息系统

◎学习目标

1.掌握仓储管理信息系统的基本功能及应用。

2.了解仓储管理信息系统。

3.理解仓储管理信息系统的内容,能完成不同环境下的仓储作业内容。

4.引导学生触类旁通,使其面对不同仓储管理信息系统时有较强的适应能力。

◎任务导入

操作一套适宜的仓储管理信息系统,完成普通仓库的相关仓储作业。

◎任务要求

理解仓储管理信息系统的内容,熟练操作系统,熟练使用条码、射频识别等相关技术设备。

◎任务实施

理解仓储管理信息系统的内容、业务流程,熟悉设备,并且操作设备,完成仓储作业。

一、认识仓储管理信息系统

随着经济发展,物品种类越来越多,结构越来越复杂,整个市场对物品个性化的要求日益提高,因此,对物流、仓储规模及 JIT(Just In Time)管理的要求也相应逐步提高。为使物品出入库顺畅,须提高仓储管理水平,目前,用得比较多的是仓储管理信息系统。

仓储管理信息系统是实时计算机软件系统,能够按照运作的业务规则和运算法则,完善管理信息、资源、行为、存货和分销运作,使其最大化满足产出和精确性要求。该系统通过入库业务、出库业务、仓库调拨、库存调拨和虚仓管理等功能,综合运用综合批次管理、物料对应、库存盘点、质检管理和即时库存管理等功能,有效控制并跟踪仓库业务的物流和成本管理全过程,实现完善的企业仓储信息管理。该系统可以独立执行库存操作,与其他系统的单据和凭证等结合使用,可提供更为完整、全面的企业业务流程和财务管理信息。

现在,仓储作业和库存控制作业已十分复杂、多样,人工记忆和手工录入不但费时费力,而且容易出错,使企业损失巨大。现代仓储管理中,广泛使用条形码、RFID、RF 等技术,这些技术需要仓储管理信息系统。将条形码等技术引入仓储管理信息系统,去掉了手工书写票据和录入相关信息步骤,而且不论物品流向哪里,都可以自动跟踪。

二、仓储管理信息系统的功能模块

一般意义上,一套完整的仓储管理信息系统包括以下功能模块。

(一)系统功能设定模块

自定义整个系统的管理规则,包括定义管理员及其操作口令。

(二)基本资料维护模块

每批产品拥有唯一的基本条码序列号标签,用户可以根据自己的需要定义序列号,每种型号产品都有固定的编码规则,在数据库中,可以添加、删除和编辑产品等。

(三)采购管理模块

1.采购订单

当需要采购的时候,可以填写采购订单,此时,库存并不受影响。

2.采购收货

当采购订单被批准且到货的时候,首先在货物上贴条形码序列号标签,然后在采购收货单上扫描此条形码,保存之后,库存自动增加。

3.其他入库

其他入库包括借出货物归还、退货等,只需填写采购收货单。

(四)仓库管理模块

1.产品入库

采购入库或者其他入库时,自动生成入库单号,货品选择方便快捷,可以区分正常入库、退货入库等不同入库方式。

2.产品出库

销售出库或者其他出库时,可以自动生成出库单号,可以区分正常出库、赠品出库等不同出库方式。

3.库存管理

不须手工管理,当入库和出库时,系统自动生成每类产品的库存数量,方便查询。

4.特殊品库

当客户须区分产品时,可以建立虚拟的仓库,管理需区分的产品,各功能和正常品库一致。

5.调拨管理

不同库之间调拨时,可以自动生成调拨单号,支持货品在不同仓库之间任意调拨。

6.盘点管理

用户随时可以盘点仓库,自动生成盘点单据,使盘点工作方便快捷。

7.库存上限报警

当库存数量不满足一定量的时候,系统报警。

(五)销售管理模块

当销售出库的时候,首先填写销售出库单,此时,库存不受影响;然后将销售出库产品序列号扫描至该出库单上,保存之后,库存报表自动减少该类产品。

(六)报表生成模块

自动生成月末、季度末以及年末销售报表、采购报表以及盘点报表,用户自定义需统计的报表。

(七)查询功能

查询功能可以查询采购单、销售单、单个产品、库存等(用户定义)。查询都按照某个条件:条形码序列号、出库日期、出库客户等。

三、仓储管理信息系统的条码应用

条码技术与信息处理技术结合,帮助人们合理、有效地利用仓库空间,以快速、正确、低成本为客户提供最好的服务。

仓管员用手持式条码终端扫描货位,扫入货位号后,扫描其上货物相应物品号(如零件号),并输入该物品的数量,然后扫描第二个货位及其上货物,如此重复,点清仓库中全部货物。最后,将条码终端采集到的数据通过通信接口传给 PC。

仓储管理信息系统使用的所有软件分为两个部分:一部分驻留在条码终端中;另一部分存储在 PC(或其他小型机、主机)上。条码终端软件只完成数据采集功能,比较简单,一般用户都能自己编程。而 PC 软件应包括数据库系统和仓库管理软件。企业对完成数据采集功能的条码终端的要求并不高,不需要很复杂的功能(如 ZZ9801 机),要求如下:一个 4×16 字符的显示器,显示所采集到的数据和程序菜单;一个键盘,输入物品数量;一定容量(256~512 KB 或更大容量)的数据存储器;笔式、CCD 式、激光枪式扫描器(通常应选用激光枪,因为光笔和 CCD 扫描器均为接触式扫描器,不适用于仓库作业);一个 RS232 串口,与 PC 双向通信接口。终端程序由 PC 下载,而终端采集的数据则上传到 PC 中。当仓库作业增加时,可增加条码终端数。但 PC 不一定增加,当然,PC 的配置要合适。另外,须配置条码打印机,以便打印各种货位、货架用标签和物品标识用的标签,并标明批号、数量。

四、仓储管理信息系统的 RFID 技术应用

(一)入库管理

当客户把入库通知单发送到仓储企业的信息系统后,RFID 系统可以从信息系统中导入相应入库产品的类型、批次、数量等信息。仓管员会根据入库产品的数量准备相应数量的

RFID 标签。货品从货车卸下后,在卸货区,仓管人员会在每件产品上贴标签。当搬运工拖动每板货入库时,RFID 系统会探测每板货上所有产品的 RFID 标签,并核对数量。为了配合 WMS(Warehouse Management System,仓储管理系统) 系统管理产品条码,当产品运送到理货区后,仓管员扫描关联条码、产品条码,并在 RFID 系统中匹配。仓库管理人员可以查询此次入库的产品储量、RFID 标签号等。另外,可以把入库信息上传到企业的 WMS 系统。

(二)出库管理

当出库通知单被传递到企业信息系统后,信息系统将出库通知单上传给 WMS 系统。WMS 系统根据相关原则生成拣货单,并将拣货单发送给仓管员。同时,WMS 系统把已指定的出货产品告诉给 RFID 系统。此时,仓管员打开 RFID 系统,可以看到即将出库产品的列表。当搬运工把每板货品往门外搬运时,RFID 系统自动探测每板货上所有货品的 RFID。当产品为已指定产品时,系统给出确认信息。当产品不为指定货品时,系统给出警告信息。在完成出库产品确认后,在装货区,仓库管理人员取下之前贴在产品上的标签,同时,搬运工可以把产品往车上装载。取下的标签于之后重复使用。

(三)库存盘点

在盘点作业时,RFID 可以远距离读取托盘和产品的标签,与以往仓库盘点作业不同,不须将每一个托盘、每一个商品取下计算,这大大提高了盘点的效率和准确程度。

基础练习

一、单选题

1.仓储管理系统的英文简称是( )。

    A.VMI   B.IMS   C.WMS   D.MRP

2.仓储管理系统的主要管理对象是( )。

    A.物品   B.作业   C.供应商   D.仓库

3.数字拣选系统的英文简称是( )。

    A.DRP   B.DPS   C.MRP Ⅰ   D.MRP Ⅱ

4.将全天发货订单按照一定规则分成若干组的运算过程是( )。

    A."波次"运算   B.补货   C.拣选   D.集货

5.物料主数据由( )产生。

    A.VMI   B.IMS   C.ERP   D.MRP

6.WMS 系统的功能包括计划、执行、查询和( )。

    A.组织   B.指挥   C.控制   D.管理

二、多选题

1.( )属于仓储基础数据管理模块。

    A.货位数据　　　　　B.用户数据　　　　　C.订单类数据　　　　　D.客户主数据

2.WMS 的基本模块包括( )。

    A.基础数据管理模块　　　　　　　　B.入库作业管理模块

    C.出库作业管理模块　　　　　　　　D.辅助作业管理模块

3.仓储管理系统的扩展性很强,为管理物流中心或配送中心的所有执行过程,可与( )对接。

    A.EOS 系统　　　　　　　　　　　B.ERP 系统

    C.TMS 系统　　　　　　　　　　　D.WCS 系统

4.RFID 标签又称为智能电子标签,它由( )组成。

    A.标签　　　　　　　　　　　　　B.解读器

    C.数据传输和处理系统　　　　　　　D.芯片

5.仓储管理系统的入库环节包括( )等。

    A.收货　　　　　　B.组盘　　　　　　C.注册　　　　　　D.上架

实训练习

1.实训目标:观察和识别条形码。

实训内容:(1)去超市观察商品上的条形码,识别其码制;(2)到当地仓库观察商品外包装以及托盘上的条形码,识别其码制。

实训要求:了解实践工作中不同类型条形码的应用情况。

2.实训目标:运用仓储管理软件。

实训内容:在学校实训室操作仓储软件。

实训要求:在操作过程中,掌握仓储管理软件的使用方法及其功能结构,画出仓储软件中的仓储作业流程。

参考文献

[1] 薛威.仓储作业管理[M].3 版.北京:高等教育出版社,2018.

[2] 孙慧.仓储业务运作与管理[M].北京:高等教育出版社,2015.

[3] 梁军,李志勇.仓储管理实务[M].3 版.北京:高等教育出版社,2014.

[4] 钱芝网.仓储管理实务[M].3 版.北京:电子工业出版社,2015.

[5] 谢翠梅,王守卫.仓储与配送管理[M].北京:北京交通大学出版社,2019.

[6] 田源.仓储管理[M].3 版.北京:机械工业出版社,2015.

[7] 真虹,张婕姝,胡蓉.物流企业仓储管理与实务[M].3 版.北京:中国财富出版社,2015.

[8] 金汉信,王亮,霍焱.仓储与库存管理[M].重庆:重庆大学出版社,2008.

[9] 郭凯明,张振亚.仓储管理实务[M].北京:清华大学出版社,2015.

[10] 田侠,陈先五.仓储与配送管理[M].大连:大连理工大学出版社,2016.

[11] 钟苹.仓储管理实务[M].2 版.大连:大连理工大学出版社,2014.

[12] 熊文杰,李怀湘.仓储管理实务[M].大连:大连理工大学出版社,2010.

[13] 黄静.仓储管理实务[M].4 版.大连:大连理工大学出版社,2018.

[14] 梁艳波.仓储管理实务[M].北京:中国财富出版社,2014.

[15] 北京中物联物流采购培训中心.物流管理职业技能等级认证教材[M].南京:江苏凤凰
教育出版社,2019.